EL MÉTODO INVERSO

El método INVERSO

PARA DAR VUELTA LAS FINANZAS PERSONALES

Marianela Inverso

MERIDIANA

Marianela Inverso
El método INVERSO. Para dar vuelta las finanzas personales

Primera edición, 2026
ISBN 978-987-3729-15-7

Publicado por Meridiana

Índice

EL GIRO INVERSO 1

I IDENTIDAD FINANCIERA 7

1. La psicología del dinero y las seis firmas emocionales 8
2. La línea de vida financiera 17
3. Los mitos que sostienen los patrones 22

N NORTE Y METAS 31

1. El cerebro que no coopera 32
2. El portafolio de metas 37
3. Anatomía de una meta que sobrevive 40

V VISIBILIDAD 51

1. La arquitectura de los ingresos 51
2. La visibilidad de los gastos 57
3. Presupuesto: el sistema operativo de la vida financiera 59
4. Construir el presupuesto 64

E ESTRATEGIA 71

1. De ahorrista a estratega 72
2. Deudas y colonización del futuro 77
3. El Motor INVERSO 86
4. Instrumentos, arquitecturas y encastre 99

5. Prendiendo el motor 109

R RIESGOS EMOCIONALES 115

1. Los cinco eventos de alto riesgo emocional 115
2. La Matriz de Coherencia 127

S SEGURIDAD 135

1. Proteger lo que no podemos perder 136
2. Identidad, datos y autoprotección digital 147
3. Previsión y arquitectura de autonomía 158

O ORQUESTACIÓN Y CAPITALES 171

1. Orquestación personal 172
2. Dinero en pareja 178
3. Organización familiar y educación financiera de los hijos 185

CODA 195

El giro INVERSO

Los pilotos temen una situación más que casi cualquier otra. Tiene un nombre elocuente y siniestro: espiral del cementerio. Cuando un avión entra en una nube espesa o vuela en una noche sin horizonte, el piloto pierde toda referencia visual. Sin un punto fijo afuera, el oído interno, ese órgano diminuto que nos da el sentido del equilibrio, empieza a mentir. Si el avión entra muy despacio en una inclinación, el cuerpo no la percibe y el piloto siente que vuela derecho cuando en realidad está girando y cayendo en una espiral cada vez más cerrada hacia el suelo. Cuando el avión empieza a descender, el instinto le grita al piloto que tire de los mandos hacia atrás para subir, pero como el avión está inclinado, tirar hacia atrás cierra todavía más la espiral y acelera la caída. El instinto, esa sensación visceral de qué hay que hacer, conduce directo al desastre y ha matado mucha gente.

¿Cuál es la única salida? Hacer lo contrario de lo que el cuerpo pide. Ignorar las propias sensaciones y confiar en los instrumentos del tablero que indican con frialdad la posición real del avión, aunque sintamos otra cosa. El piloto entrenado aprende que en la desorientación el instinto nos hunde y enderezar el avión exige invertir el impulso, soltar lo que el miedo manda hacer y guiarse por una referencia distinta de la propia sensación. Algo muy parecido ocurre con el dinero. Heredamos una manera visceral de reaccionar que muchas veces nos mete en la espiral en lugar de sacarnos. El miedo nos hace vender en el peor momento y la angustia gastar para calmarnos. Como el piloto desorientado, tendemos a hacer con más fuerza justo aquello que nos hunde. Este libro trata, en buena medida, de aprender a reconocer cuándo el instinto nos engaña y a confiar en los instrumentos que construimos en frío, en lugar de enceguecernos en el pánico del momento.

Las finanzas personales aparecen a menudo como la pariente pobre de la economía, concentradas en un asunto menor que se resuelve con un poco de disciplina y una planilla prolija. Sin embargo, están justo en el centro de una zona fabulosa donde las grandes fuerzas estructurales del mercado y la tecnología se trenzan con el mundo de las decisiones íntimas. Justo donde la macroeconomía se vuelve biografía, empiezan las finanzas personales. El tránsito es frenético y en los últimos años se llenó de vendedores. Cursos de criptomonedas, *trading* e inversiones rápidas que prometen "libertad financiera" refuerzan la vieja y loable idea de la educación financiera. Con información, algunos instrumentos más o menos sofisticados y unos pocos indicadores la incertidumbre puede desaparecer vencida por el aprendizaje.

Sin embargo, esa promesa descansa, cuando no es todo un timo, sobre el supuesto de que vamos a aplicar las herramientas aprendidas de manera consistente y racional en el tiempo, porque el problema es de conocimiento. En la práctica, suele ocurrir lo contrario. Incorporamos nociones complejas sobre activos digitales y análisis técnico y terminamos operando bajo presión a tontas y a locas. Nos puede sobrar información y conocimiento técnico, pero si nos falta capacidad para sostener decisiones coherentes en contextos emocionalmente exigentes estamos en la misma.

La educación financiera se promociona como la llave del cofre del tesoro, pero resulta insuficiente por dos razones principales. Por un lado, se la presenta como una cuestión técnica operada por sujetos estables, coherentes y permanentemente motivados, cuando decidimos cansados y atravesados por dramas familiares y miedos, en la tormenta de emociones que jalona la vida humana. Por otro lado, la educación financiera tradicional está atada a la idea de información escasa, mercados lentos y decisiones tomadas en un entorno neutral. Evidentemente, ese mundo ya no es el nuestro.

El entorno en el que hoy tomamos decisiones financieras está diseñado para desbordar esa racionalidad. Hace veinte años, comprar requería salir de casa, llegar a un comercio y entregar dinero físico y cada paso era una oportunidad para reconsiderar. Hoy, una notificación nos ofrece lo que queríamos comprar ayer, con el precio que nuestro historial de búsqueda sugiere que podríamos pagar, a un click de distancia. Las plataformas de crédito aprueban préstamos en minutos que antes requerían semanas de trámites. Todo el entorno está diseñado para que tomemos decisiones rápidas, aunque no necesariamente buenas.

El Método INVERSO nace como respuesta a estos desafíos a través de una arquitectura de sistemas que trabajan con nuestra naturaleza en lugar de contra ella, anticipando los momentos de debilidad y distribuyendo las decisiones importantes en contextos apropiados, sin dejarlas libradas al cansancio del final del día.

El nombre del método condensa esa apuesta y juega con varios sentidos a la vez. Alude, primero, al apellido de su autora. Alude también, claro, al oficio de invertir bien el dinero. Pero sobre todo nombra el gesto de dar vuelta lo que viene mal puesto. Invertir el punto de partida, para empezar. En lugar de arrancar por la técnica, como hace toda la tradición, vamos a arrancar por la persona y su identidad, que es donde las decisiones financieras de verdad se cuecen. Más hondo todavía, el método invierte en el sentido del piloto que endereza el avión. Como veremos, buena parte de nuestra relación con el dinero viene del revés sin que lo hayamos elegido, heredada y gobernada por el instinto y el miedo. Este camino nos permitirá escapar del viejo lamento de las finanzas personales, que llora por la disciplina abandonada sin haberse molestado nunca en crear las condiciones para que esa desdicha no ocurriera.

Cada letra organiza una dimensión de esa arquitectura, como las capas de un relieve con estratos que se depositan unos sobre otros y terminan configurando un paisaje único. Vistas de cerca parecen independientes, pero cada capa, lejos de estar aislada, modifica y es modificada por las demás. En esa interacción continua el sistema adquiere coherencia y deja de ser una suma de partes para volverse una estructura viva.

I se ocupa de la *identidad financiera*, el punto de partida que suele quedar fuera de escena. Allí se entrelazan la historia personal, los patrones aprendidos, los miedos heredados y las narrativas que fuimos incorporando sin advertirlo y operan silenciosamente cada vez que tomamos una decisión que implica dinero. Más que un ejercicio introspectivo, supone reconocer que toda estrategia financiera está sostenida por alguien que decide y ese alguien es bien concreto. Sin comprender quién decide y cuáles son sus temores y hábitos, toda estrategia, por más sofisticada que sea, naufraga tarde o temprano.

N define el *norte*, es decir, las metas claras ancladas en nuestra biografía. Lo que queremos deja de ser una aspiración vaga y se convierte en una construcción con plazos y márgenes de ajuste diseñados para resistir las tensiones de la vida, con sus semanas desordenadas y sus rachas buenas y malas. Un norte bien formulado puede reorientarse sin perder sentido.

V propone *visibilidad* radical para ver lo que efectivamente ocurre con nuestro dinero, sin zonas ciegas. Muchas decisiones se toman sobre percepciones incompletas y terminan en desastre. La visibilidad ilumina las zonas opacas y la claridad que surge de ese control sostenido, pero no obsesivo, induce claridad y evita que lo que no vemos condicione negativamente decisiones que creemos tomar libremente.

E aborda la *estrategia* a través de diseños simples, coherentes con el horizonte y la tolerancia al riesgo, pensados para resistir tanto la volatilidad del mercado y la de nuestras emociones. En lugar de confiar en la suerte o la iluminación para que las buenas decisiones se repitan, vamos a construir estructuras sólidas y capaces de sostenerse cuando llegue la tormenta, recordando que el mejor portafolio es el que el que no va a dejarnos sin barco en el medio de la travesía.

R analiza los *riesgos emocionales* introduciendo una variable que suele tratarse como un desvío ocasional, cuando es estructural. Nunca decidimos en el vacío guiados por puros conceptos. Nos rodean siempre el apuro, el miedo, la euforia o la fatiga y decidimos con ellos a cuestas. Debemos anticiparlos e incorporarlos en el diseño. Esto no quiere decir que vamos a eliminar el riesgo emocional, sencillamente porque es imposible, pero conociendo sus patrones podemos disponer mecanismos que amortigüen su impacto cuando se nos plante delante.

S desarrolla la *seguridad* que necesitamos para vivir sin sobresaltos. Para eso amplía la noción habitual de protección. Vamos a construir un entorno que soporte contingencias y nos permita vivir sin la sensación de amenaza existencial a cada vuelta de la esquina. Ningún plan de seguridad elimina las tragedias de la vida, pero está ahí para morigerar sus consecuencias, lo cual no es poco, especialmente en el momento mismo en que tenemos que atravesarlas.

O, finalmente, trata de la *orquestación* de los niveles personal, de pareja y de familia, donde las decisiones financieras revelan, y a veces tensionan, las coreografías emocionales compartidas. En este punto el sistema adquiere madurez, porque pasamos de administrar dinero a coordinar capitales múltiples que incluyen el tiempo disponible, las capacidades profesionales, la red de vínculos, la salud física y la energía emocional. Las decisiones financieras se muestran aquí como parte de una dinámica más amplia que convierte un tipo de recurso en otro, incluso cuando eso no está en nuestros planes. Orquestar nos permite hacerlo de manera consciente, como resultado de un diseño deliberado.

Por esta vía, el Método INVERSO construye una relación con el dinero que alimenta nuestra tranquilidad y nuestra dignidad, sosteniéndose en el tiempo y adaptándose a los entornos cada vez más complejos que nos desafían. En un mundo atravesado por algoritmos que anticipan y modelan nuestras decisiones, el aislamiento y la resistencia ingenua no son estrategias viables y conviene, al contrario, concentrar energías en el diseño de sistemas capaces de convivir con esa realidad sin perder autonomía. En lugar de planificar controles imposibles que se transforman luego en frustración y desánimo, vamos a reconocer cómo somos y a orquestar con todo lo que tenemos una buena melodía. El giro INVERSO consiste, en última instancia, en dejar de reaccionar frente a los estímulos para dominar nuestras decisiones, con ideas sobre finanzas pensadas para el mundo que efectivamente habitamos.

I

Identidad Financiera

Antes de hablar de dinero, hay que hablar de historia. Ya vendrán las cifras y presupuestos. Ahora miremos nuestra historia personal. Cada decisión financiera que tomamos forma parte de un recorrido más largo. Cuando administramos dinero nos rodean experiencias y heridas económicas que muchas veces ni siquiera podemos identificar o recordar de dónde vienen. Con esos fantasmas alrededor, prestos a hacernos zancadillas, cualquier meta que fijemos será una ilusión. La letra I trata de nuestra identidad frente al dinero y funciona como un detector de fantasmas que nos permite ahuyentarlos para que entre el sol.

Comencemos con un relato. Hace un tiempo el joven T. me comentó que había aprendido que el dinero era algo muy serio, pero no fue en la escuela y mucho menos en su primer empleo. Fue una mañana, a los ocho años, mientras su madre revisaba la factura de la luz como si fuera un jeroglífico crucial para el destino de la humanidad. No dijo una palabra, pero sus hombros subieron varios centímetros y su dedo trazó un círculo sobre un número, como si quisiera atrapar una verdad incómoda.

T. repitió el gesto con su propio dedo sobre el número imaginario, me miró como volviendo al presente y me dijo que en ese momento entendió de golpe que los adultos podían ser héroes valientes cuando se trataba de monstruos nocturnos y al mismo tiempo se descalabraban ante números que llegaban por correo.

Nunca hablaron de eso, pero su mente guardó una nota silenciosa y persistente. Con los años, T. se volvió eficiente en mil cosas, menos en manejar su dinero. Trabajó, estudió, ganó su primer sueldo y cada mes repetía la escena del recibo en la mano, el gesto en los hombros, el círculo sobre el número incómodo con la misma coreografía emocional que había visto de niño.

Cada uno de nosotros tiene, quien más, quien menos, una coreografía así. A algunos les tocan familias donde ahorrar es sobrevivir, otros crecen gastando para celebrar estar vivos o atrapados entre silencios densos, orgullo o miedo. Cada caso deja su marca en las emociones que nos dominan. La buena noticia es que reconocer el sesgo detrás de esas historias es el primer paso para reducir su poder, apagando el piloto automático que a veces nos tiene trazando círculos en el aire sin poder avanzar.

1. LA PSICOLOGÍA DEL DINERO Y LAS SEIS FIRMAS EMOCIONALES

Estamos habituados a escuchar que manejar las finanzas es una habilidad puramente racional, como si bastara con saber sumar y restar para tomar decisiones sensatas. Lamentablemente, el comportamiento humano se ríe de esa idea. Herbert Simon recibió el Nobel de Economía en 1978 por contradecir el modelo dominante diciendo que las personas no estamos orientadas a la optimización sino a la satisfacción. El *homo economicus*, ese agente ideal que evalúa todas las opciones disponibles y elige siempre la mejor, no describe a nadie en la vida real.[1] Al contrario, buscamos la primera opción que supera un umbral mínimo de aceptabilidad y nos detenemos, porque optimizar requiere información completa, tiempo ilimitado y energía cognitiva, que son tres cosas que nos faltan siempre. Sobre esta idea central se fundó la economía conductual, que se ocupa de cómo se toman las decisiones.

---

[1] Herbert Simon, "A Behavioral Model of Rational Choice", *Quarterly Journal of Economics* 69.1 (1955), 99-118.

Poco después, Richard Thaler y Hersh Shefrin describieron las finanzas personales como la escena de un conflicto interno entre un yo impulsivo que quiere gratificación inmediata y un yo planificador que promete orden mañana en el cual no siempre gana el más racional.[2] Por su parte, Daniel Kahneman, Premio Nobel 2002, y Amos Tversky estudiaron cómo las personas evalúan pérdidas y ganancias y observaron que una mayoría abrumadora de decisiones económicas responden a atajos emocionales.[3] Tememos perder más de lo que deseamos ganar. Exageramos ciertos riesgos y minimizamos otros buscando alivio inmediato, aunque después nos perjudiquen.

La idea misma del "individuo racional" queda en entredicho si el cálculo y la optimización desaparecen ante la improvisación. No obstante, esto no debe apurar el diagnóstico de falta de inteligencia. Basta ver que muchas personas brillantes y reflexivas insisten en decisiones irracionales.[4] A pesar de todo esto, seguimos escuchando que deberíamos ser lógicos con el dinero y que todo se resuelve con disciplina.

¿Qué hacer, entonces, si no podemos contar con un acceso transparente hacia nuestras motivaciones internas? El siglo XX ahondó como ninguno en la psicología, pero no nos interesa un marco tan amplio. Necesitamos un enfoque que no se pierda en la descripción de tipos de neurosis o de rasgos de personalidad en general, sino que identifique patrones estables referidos al dinero, que aquí llamaremos *firmas financieras*. Se trata de modalidades emocionales que reflejan patrones aprendidos que aparecen cuando estamos estresados o confundidos… justo cuando más impacto tienen nuestras decisiones sobre el dinero.

Estas seis firmas provienen de investigaciones sobre aversión a la pérdida, compras por afecto, evitación financiera crónica, sesgo del optimismo, perfeccionismo, control excesivo y patrones de

---

[2] Richard Thaler y Hersh Shefrin, "An Economic Theory of Self-Control", Journal of Political Economy 89.2 (1981), 392-406.

[3] Daniel Kahneman, Amos Tversky, "Prospect Theory: An Analysis of Decision under Risk", *Econometrica* 47.2 (1979, 263-292.

[4] Richard Thaler, *Misbehaving: The Making of Behavioral Economics*, London, Penguin, 2015 y Dan Ariely, *Predictably Irrational*, London, Harper, 2008.

rescate emocional dentro de las familias (*financial enabling*). Son, en otras palabras, la galería más seria de cómo se comporta la mente humana cuando el dinero entra en escena. Si uno observa estas firmas en conjunto, todas buscan reducir malestar emocional en el corto plazo, aunque eso genere problemas en el largo.

Casi todos tenemos una firma principal y una secundaria que asoma cuando las cosas se complican. Conocer mejor nuestra firma nos da mejores herramientas para lidiar con lo que nos toca cambiando la relación con el dinero, revelando la causa de repeticiones y decisiones erradas. En rigor, no hay firmas buenas ni malas, ni hay mejores y peores, pero en todos los casos, fuera de rango, pueden someternos a dolores innecesarios. Aquí empieza el método INVERSO, transformando nuestras finanzas sin pedir que seamos alguien que no somos.

EL ACUMULADOR

El Acumulador rara vez protagoniza escenas dramáticas con el dinero. No hay sobresaltos que llamen la atención desde afuera porque su relación con lo económico es silenciosa, como una tensión de fondo que acompaña todas las decisiones sin volverse nunca del todo explícita. Cuando llega el sueldo, aparece el alivio, pero no es un alivio expansivo ni celebratorio. Es seco, funcional, casi administrativo y sin sensación de logro, como una simple confirmación de que el sistema sigue funcionando.

Ese mismo clima incómodo acompaña cada gasto, sin importar si es algo necesario o superfluo, con una regularidad atravesada siempre de duda sobre posibles tormentas financieras futuras. Aunque no haya escenarios concretos amenazantes, la necesidad difusa de no perder lo que tenemos lo toma todo y prima una cautela cuasi primitiva. En rigor, el Acumulador no es tacaño o incapaz de disfrutar, pero lo domina una profunda aversión a la pérdida.[5] Más vale malo conocido… Así, el Acumulador compara, revisa saldos, elige opciones conservadoras y posterga siempre lo

---

[5] Para una descripción detallada, véase H. Shefrin y R. Thaler, *Beyond Greed and Fear: Understanding Behavioral Finance and the Psychology of Investing*, Boston, Harvard Business School Press, 2000.

que le gusta. La vida queda suspendida en una prudencia en apariencia razonable, pero muy difícil de habitar.

La fortaleza de esta firma es evidente y a menudo valiosísima por su disciplina y resistencia a los impulsos, pero convive con una rigidez emocional que mantiene al cuerpo en un estado de alerta bajo pero continuo. El Acumulador lleva la cuenta de cada número, como una pequeña muralla contra lo imprevisible, a riesgo de que el cuidado constante termine ocupando el lugar de la experiencia y que la vida se vacíe de placer.

El Compensador

Para el Compensador, el gesto de comprar no remite primeramente a objetos. Refleja más bien un estado interno donde el botón "Agregar al carrito" resulta una forma rápida y socialmente aceptada de anestesia leve que otorga alivio momentáneo. Este perfil compra porque algo adentro le hace ruido y no encuentra otro modo inmediato de silenciarlo. Ese ruido puede tomar la forma de cansancio, frustraciones repetidas o la sensación difusa de estar siempre corriendo detrás de algo. No hace falta llegar a una crisis. A veces alcanza una semana complicada que parece curarse con un gasto.

Así, la compra es una respuesta emocional que suspendela evaluación racional. Ante estímulos de compra atractivos, se activa el sistema dopaminérgico asociado a la anticipación de recompensa. Este fenómeno explica por qué tantas compras "innecesarias" se viven en el momento como urgentes, con la sensación de merecimiento y oportunidad irrepetible. La racionalización viene después, cuando el efecto ya empezó a disiparse.

El Compensador suele comprar en soledad, muchas veces de noche, cuando baja el ruido externo y sube el interno. Después los paquetes van llegando, casi como si nadie los hubiera pedido y se apilan como pequeños vestigios de algo que parecía urgente y después quedan ahí, sin mucho sentido. No obstante, reducir este perfil a un problema de impulsividad sería una simplificación injusta. En el Compensador hay una capacidad real que otros perfiles no tienen de disfrutar sin anclarse en la postergación indefinida, pero el alivio emocional depende casi exclusivamente del consumo y el dinero funciona como un calmante que no cura. Para este perfil no funcionan las prohibiciones rígidas ni los discursos moralizantes. Debe aprender a manejar el malestar antes de que se convierta en gasto, construyendo formas de regulación emocional que no pasen siempre por la tarjeta.

El Evitador

Si hay personas que enfrentan el estrés mirando estados de cuenta, otras lo hacen del modo opuesto. El Evitador no mira. Tiene capacidad y no lo guía un desinterés absoluto, pero el dinero ocupa un lugar incómodo o secundario en su experiencia. Cada vez que aparece la necesidad de revisar o decidir, se activa una sensación de sobrecarga o de gasto innecesario de energía. Evitar, en este contexto, es una forma automática de regulación que no debe confundirse con negligencia.

En algunos casos, esta relación se aprende temprano en entornos donde las cuentas estaban asociadas a discusiones ásperas o a ansiedad constante, de modo que la confrontación directa con los números quedó ligada al malestar. En otros, no hay un episodio claro y el dinero no está asociado con angustia intensa, pero tampoco ocupa un lugar central. La atención está puesta en el trabajo, en la familia, en la creación, en proyectos intelectuales o en problemas más urgentes, de modo que lo financiero queda relegado a un segundo plano. Los individuos tienden a ignorar aspectos de su entorno cuyo análisis exige un costo mental alto en relación con el beneficio esperado.[6] Como toda actividad que exige concentración y precisión, administrar dinero tiene un costo mental y el Evitador tiende a reducir ese costo ocupándose solo de lo indispensable. Cada aplazamiento trae consigo una breve sensación de alivio que refuerza la estrategia. El problema es que el tiempo financiero no se detiene y las decisiones diferidas se convierten, silenciosamente, en decisiones tomadas por defecto. Así, lo que podría haberse co-

---

[6] Xavier Gabaix, "Behavioral Inattention". *Handbook of Behavioral Economics*, edited by D Bernheim, S DellaVigna and D Laibson. Vols. 2. Elsevier; 2019, pp. 261–343.

rregido con un ajuste pequeño se acumula fuera de escena hasta volverse un monstruo difícil de enfrentar.

El Evitador no suele reaccionar con pánico ni con ansiedad explosiva ante la dificultad, porque su regulación emocional inmediata es relativamente buena, pero el costo de esa calma es la pérdida progresiva de visibilidad. Al mantener la información a distancia, pierde la posibilidad de anticipar. Por este motivo la salida para este perfil pasa por diseñar estructuras que funcionen incluso cuando mirar resulta difícil o poco atractivo a través de dispositivos simples, automáticos, con pocas decisiones explícitas que reduzcan el esfuerzo necesario para mantener el control. El objetivo es construir un sistema que siga funcionando aun cuando la atención esté puesta en otra parte.

EL CONTROLADOR

El Controlador no controla por vocación de mando ni por amor al orden en sí mismo. Controla porque la incertidumbre le resulta difícil de tolerar. La psicología ha descrito este rasgo como intolerancia a la incertidumbre, es decir, la tendencia a reaccionar con vigilancia excesiva y necesidad de previsión frente a situaciones que no pueden asegurarse completamente. La dificultad para tolerar lo incierto se asocia a conductas persistentes de anticipación y búsqueda de seguridad, incluso cuando el control objetivo es limitado.[7] En el terreno económico, donde siempre existe un margen de imprevisibilidad, esta disposición favorece el monitoreo constante, no tanto para mejorar los resultados como para reducir la sensación de vulnerabilidad.

Es fácil reconocerlo. Vive rodeado de planillas, compara precios hasta perder de vista la diferencia real entre ahorrar y perder tiempo y examina cada gasto con el celo de un fiscal que sospecha incluso de sí mismo. Aunque registra y clasifica, nada termina de tranquilizarlo, precisamente porque la vigilancia constante no produce calma. Cuando la incertidumbre aumenta, el Controlador acelera. Cuanto más revisa para asegurarse, más difícil le resulta

---

[7] R. Carleton, "Fear of the unknown: one fear to rule them all?". *Journal of Anxiety Disorders* 41 (2016), 5-21.

sentirse tranquilo, porque la repetición mantiene activa la duda que intenta resolver. El Controlador tiene información y buenas herramientas, pero necesita aprender a confiar en sistemas que no dependan de su supervisión permanente, algo especialmente difícil para quien siente que, si deja de mirar, todo podría pulverizarse.

EL OPTIMISTA

El Optimista no niega la existencia de los problemas. Simplemente los considera menores o, en el peor de los casos, parte de una curva que inevitablemente se va a enderezar. Tiene una confianza difícil de erosionar porque algo en su interior le dice que las cosas van a salir bien. Contradecirlo suele resultar tan inútil como intentar convencer a alguien de que pierda la fe. Su obstinación no tiene nada que ver con la ignorancia. El Optimista puede conocer perfectamente los datos y haber incluso vivido las consecuencias que deberían permitirle una buena evaluación de situación, pero todo eso convive con una narrativa interna más potente, donde los fracasos pasados se reinterpretan como accidentes o simples desvíos de un destino que sigue siendo prometedor. En el sesgo de optimismo el cerebro humano sobreestima sistemáticamente las probabilidades de éxito y subestima las de fracaso, sobre todo cuando el resultado deseado está alineado con la propia identidad.[8] Una lente coloreada tiñe permanentemente la percepción y el razonamiento.

En el terreno financiero esa lente produce efectos ambivalentes. Por un lado, le permite al Optimista avanzar donde otros se paralizan e iniciar proyectos que jamás existirían si todos evaluaran el riesgo con frialdad quirúrgica. Por otro, introduce una peligrosa elasticidad en la percepción de los límites. El Optimista siempre tiene una idea en marcha, una oportunidad que "no se puede dejar pasar" o un proyecto que promete ordenar retrospectivamente todo lo anterior.

Este perfil suele posponer la confrontación con los números por pura confianza. Ya habrá tiempo para ajustar y el flujo se acomodará. Mientras tanto, asume riesgos, convencido de que su in-

---

[8] T. Sharot, "The optimism bias". *Current biology* 21 (2011), 941-945.

tuición, que tantas veces lo sacó adelante, volverá a hacerlo. En rigor, el problema es que la intuición opera como criterio único, de modo que la decisión se transforma en una apuesta. El Optimista es admirable por su iniciativa y su capacidad de imaginar escenarios distintos de los dados. Sin personas así, el mundo sería más previsible y mucho más pobre. Sin embargo, la subestimación sistemática del riesgo y la facilidad para endeudarse o comprometer recursos futuros como si ya estuvieran asegurados son mucho menos románticas. Si bien no es un irresponsable, la confianza excesiva en que el mañana se ocupará de resolver lo que hoy se posterga es un peligro. Los sueños del Optimista no son el enemigo, pero unos frenos suaves que introduzcan fricción sin apagar el movimiento pueden hacer maravillas para que siga creando sin hipotecar constantemente el futuro. Conservando el entusiasmo, hay que evitar que su energía termine incendiando lo que quería hacer crecer.

El Protector

Si el dinero tuviera una dimensión moral explícita, probablemente adoptaría la forma del Protector, que vive el dinero como una herramienta de cuidado. En lugar de un medio de intercambio es una prueba concreta de compromiso emocional. Ayudar y prestar son los ladrillos de su economía íntima y pesan más que cualquier balance. El deber emocional antecede al deber financiero en nivel no consciente. Cuando alguien cercano tiene un problema, el dinero aparece como un modo de garantizar que el otro no caiga, aunque implique descuidarse a sí mismo.

Muchos Protectores crecieron ocupando roles parentales en la infancia, aprendiendo a ser "la estabilidad" del grupo cuando todavía no les correspondía. Otros se acostumbraron a ser el sostén silencioso que siempre responde. En la práctica, este perfil presta dinero que no tiene y cubre deudas ajenas con la promesa vaga de que "después se arregla", postergando proyectos propios para apagar incendios que no provocó. Cada gesto produce una mezcla de alivio por el salvataje y de desgaste por el costo personal.

El Protector está dotado de generosidad y disposición al cuidado, aunque su apuro por pagar primero, financiar eventos y cubrir deudas ajenas va de la mano de la necesidad de que los demás lo sientan necesario y poderoso, de modo que regula con dinero su centralidad en una familia o grupo. No tiene sentido tratar de volverlo egoísta o enseñarle a decir "no", pero es beneficioso que encuentre vías para que su bienestar también cuente y que al ayudar no sacrifique siempre la propia vida económica. Al comprender que poniéndose a salvo no traiciona a nadie puede cuidarse a sí mismo, lo cual, lejos de ser una falla moral, también es un acto de amor.

En rigor, estos perfiles no agotan la identidad económica, y muchísimo menos la identidad sin más, de una persona. Tampoco funcionan como destinos cerrados, pero son sumamente útiles para nombrar disposiciones recurrentes que tienden a activarse frente a la incertidumbre o la pérdida. Estos patrones pueden atenuarse e incluso modificarse cuando dejan de operar de forma implícita y se los reconoce como tales, precisamente porque pierden su carácter automático.

En el caso de personas con patrón evitativo o impulsivo, mientras que la educación no produce cambios, el rediseño del contexto de decisión da resultados efectivos. Mecanismos simples como la inscripción automática a planes de ahorro con opción de salida o incrementos graduales ligados a aumentos salariales, transforman conductas que parecían rígidas, porque la firma financiera dejó de ser la única fuerza en juego. El patrón sigue ahí, podríamos decir, pero ya no gobierna en soledad.

Ahora bien, conocer el propio patrón es una condición necesaria pero no suficiente para reorientar nuestra relación con el dinero. Para que una firma deje de organizar las decisiones, se tiene que situar en una historia que revele lo que la hizo a veces funcional y a veces costosa. Sin esa inscripción temporal, todo intento de cambio fracasa. Así, hay que pasar del rasgo al recorrido, preguntándonos qué reflejos se activan, cuándo aparecieron, qué problema vinieron a resolver y por qué siguen activos incluso bajo condiciones diferentes. Reconstruir la línea de vida financiera es clave en la exploración de nuestra identidad en este terreno y constituye un punto de apoyo fundamental para cualquier transformación posterior. A eso nos dedicaremos en la sección siguiente.

2. LA LÍNEA DE VIDA FINANCIERA

"Línea de vida financiera" suena a ejercicio introspectivo o narración autobiográfica en sentido clásico, pero no es nada de eso. La línea de vida es una herramienta de lectura concebida como un dispositivo que hace visibles regularidades que operan en la experiencia cotidiana de manera dispersa y fragmentaria. Más que recordar, su objetivo es ver mejor y por eso, en lugar de reconstruir el pasado con precisión, lo reorganiza para sacar a la superficie patrones hasta entonces implícitos. No vamos a sacar a la luz verdades ocultas o una causa única que lo explique todo, porque probablemente no la hay, sino a identificar secuencias recurrentes entre situaciones, emociones y decisiones para determinar qué tipos de eventos activan determinadas respuestas y qué emociones y soluciones aparecen de manera sistemática.

Para que esta herramienta funcione hay que resistir dos tentaciones frecuentes. Por un lado, la tentación de ordenar el pasado para que "tenga sentido", suavizando contradicciones o justificando decisiones retrospectivamente. Por otro, la tentación moral de leer la historia en clave de aciertos y fallas, virtudes y defectos. Ambas cosas distorsionan los datos y le quitan fuerza al ejercicio. Una línea de vida confiable es honesta en su desorden, sin preocuparse por ser coherente ni edificante.

El foco debe estar puesto en la experiencia emocional asociada con hechos determinados sacando eventos relevantes de su estado difuso para hacerlos observables. Aunque no elimina los patrones, la línea les quita opacidad y eso es el primer paso para cualquier trabajo posterior que requiera saber qué estamos repitiendo y en respuesta a qué. Veamos los pasos.

1. Dibujar la línea

El dibujo es una forma deliberadamente simple de poner la propia historia financiera en un plano visible, sin jerarquías previas ni interpretaciones forzadas, libre de gestos técnicos ni preparatorios. Comenzamos por trazar una línea horizontal y marcamos sobre ella los recuerdos que aparecen. No tienen que ser los más importantes en abstracto, sino los que efectivamente van surgiendo en nuestra mente cuando pensamos en el dinero en nuestra vida. La acumulación de referencias en la línea introduce un desplazamiento importante. De a poco el dinero deja de ser como un conjunto de cifras y decisiones aisladas y se transforma en una secuencia vivida, atravesada por estados emocionales que quedaron asociados a distintas experiencias. Anotar cómo se sintió un momento concreto, por ejemplo, la mezcla de orgullo y temor que acompañó el primer ingreso estable importa más que precisar fechas o montos. Registramos así la huella que dejaron hechos que condicionan hoy nuestra forma de decidir.

Es útil anotar emociones simples como miedo, entusiasmo, alivio, vergüenza, incertidumbre u orgullo. Ese registro emocional es lo que la psicología del comportamiento llama "metamemoria" financiera, es decir, un archivo interno que influye en lo que hacemos hoy incluso si no lo tenemos presente conscientemente al actuar.

2. Mirar como quien mira un mapa

Una vez que la línea está trazada, el trabajo siguiente consiste en mirarla con la distancia suficiente como para que deje de sentirse como una confesión y empiece a funcionar como un objeto de lectura. La mirada desprovista de toda urgencia permite que aparezcan regularidades sin necesidad de buscarlas activamente. En ese movimiento, que transforma la experiencia propia en algo casi ajeno, se vuelve posible advertir, por ejemplo, cómo ciertas decisiones tienden a concentrarse en momentos de presión o de alivio. Es importante que suspendamos toda evaluación moral para reconocer la manera en que respondimos y cómo sigue operando ahora. Esa distancia más perceptiva que analítica habilita una comprensión menos defensiva de la propia relación con el dinero.

¿Dónde hay picos de ansiedad? ¿Dónde se repite el factor "apuro"? ¿Dónde aparece el alivio? ¿Dónde prima el actuar sin pensar? ¿Dónde la prudencia exagerada? El auto-distanciamiento cognitivo mejora la toma de decisiones porque desactiva la vergüenza y activa la reflexión.

3. Identificar la firma financiera

Después de haber recorrido la línea de vida y de haber tomado distancia de ella, el desafío es traducir ese material en una lectura consistente. Identificar una firma financiera significa ir más allá de la descripción que más nos representa en abstracto o que mejor encaja con la imagen que tenemos de nosotros mismos para detectar qué tipo de respuesta aparece con mayor regularidad cuando el dinero se cruza con situaciones de tensión, cansancio, incertidumbre o expectativa.

Un primer criterio consiste en observar qué reacción se activa antes de que podamos pensar demasiado, dado que las firmas se expresan en reflejos. Por ejemplo, quien se reconoce como Acumulador suele advertir que, aun cuando los números cierran, el cuerpo no se relaja, el alivio es breve, funcional y enseguida aparece la necesidad de seguir cuidando, comparando o postergando, como si la estabilidad fuera siempre provisoria. En cambio, alguien con una lógica más cercana al Compensador suele identificar la secuencia de períodos de esfuerzo o desgaste que culminan en una compra vivida como alivio emocional seguido muchas veces por incomodidad o necesidad de justificarse. En ambos casos, la firma correcta es la que da cuenta de lo que efectivamente ocurre cuando aparece el malestar.

Un error frecuente es confundir valores con patrones. Muchas personas creen identificarse con una firma porque valoran la generosidad o la creatividad, cuando en realidad la firma se reconoce por el costo que genera cuando se activa fuera de contexto. El Protector, por ejemplo, se identifica por la repetición de escenas donde el dinero se usa para sostener a otros aun cuando eso implica postergar sistemáticamente proyectos propios exponiéndose a una sensación persistente de agotamiento. Del mismo modo, el Controlador se reconoce por la dificultad para soltar el control sin experimentar ansiedad, incluso cuando el sistema ya está funcionando y no requiere más intervención.

Otro punto clave es prestar atención a las justificaciones que aparecen después de las decisiones. Cada firma suele ir acompañada de un relato interno bastante estable. El Optimista, por ejemplo, explica los desajustes actuales en nombre de un futuro que se presenta como inminente y reparador; el Evitador narra la postergación como una forma de "no empeorar las cosas", etc. Escuchar ese discurso interno, es decir, lo que nos decimos para legitimar una decisión, suele ser más revelador que la decisión misma.

También conviene recordar que rara vez aparece una única firma pura. En la mayoría de los casos hay una firma primaria, que se activa en situaciones de estrés o en decisiones relevantes, y una secundaria, que emerge como respuesta complementaria o compensatoria. Un Acumulador puede, por ejemplo, recurrir al gasto compensatorio en momentos de agotamiento extremo; un Protector puede alternar períodos de sostén con fases de evitación; un Controlador puede pasar, cuando ya no da más, a desconectarse momentáneamente de los números. Reconocer estas combinaciones ayuda a no forzar una identificación simplista y a entender mejor las oscilaciones que aparecen a lo largo de la línea.

Una buena señal de que la identificación está bien hecha es que no produce alivio inmediato. Más bien abre la puerta a una mezcla de claridad e incomodidad, donde algo encaja sin tranquilizar del todo. Cuando la firma correcta aparece, suele desarmar tanto las excusas habituales como las autoacusaciones excesivas, porque no dice "esto está mal", sino "esto tiene una lógica", que tuvo sentido en otro momento.

Por último, recordemos que es importante no usar la firma como explicación cerrada. Sirve sobre todo para comprender que el cambio pasa por modificar los contextos y las reglas que mantienen activo el patrón dominante. Esto nos ocupará en el paso que sigue.

4. FORMULAR EL PATRÓN DOMINANTE

Si la firma financiera describe cómo tendemos a responder cuando el dinero entra en juego, el patrón dominante identifica qué activa esa respuesta. Este principio organizador pone en marcha una firma o combinación de firmas una y otra vez a lo largo de nuestra historia. Este paso condensa los anteriores.

Al volver a mirar la línea, la nueva pregunta es qué se pone en juego *antes* de decidir. Puede tratarse de una emoción recurrente, como el miedo o la urgencia. Tal vez un contexto que tiende a desordenar el criterio, como la incertidumbre externa o la presión de sostener a otros. Es posible que haya una creencia implícita que atraviesa distintos momentos de nuestra historia, por ejemplo, la idea de que nunca alcanza o el futuro se va a encargar de acomodar lo que hoy no cierra. Ese es el nivel en el que opera el patrón.

Un ejemplo ayuda a ver la diferencia. Dos personas pueden identificarse con una firma muy similar, por ejemplo, una lógica de cautela extrema y dificultad para gastar, y sin embargo estar organizadas por patrones distintos. En una la cautela se activa cada vez que aparece la posibilidad de perder lo ya conseguido, de modo tal que su patrón está ligado al miedo a la pérdida y a la necesidad de conservar una posición conocida. En la otra, la misma cautela aparece cuando siente que no controla el entorno o que depende de factores externos imprevisibles, de manera que su patrón responde a la desconfianza en la estabilidad del contexto y no la pérdida en sí. La conducta puede parecer idéntica desde afuera, pero el punto de activación es distinto y por tanto también lo es la forma en la que se puede intervenir.

Distinguir entre firma y patrón es crucial, porque si solo reconocemos la firma, el trabajo posterior se vuelve genérico, intentando "aflojar", "gastar más", "controlar menos" o "planificar mejor", sin tocar aquello que pone en marcha la respuesta. En cambio, cuando el patrón está claro, podemos desplazar el foco hacia el lugar correcto para intervenir sobre lo que sea que la dispara. El patrón señala el punto de palanca, mientras la firma, el modo en que esa palanca se traduce en acción.

Este paso cierra el trabajo con la línea de vida transformando una narración en una hipótesis operativa. La línea muestra qué pasó y cómo se vivió, la firma permite reconocer el modo habitual de respuesta y el patrón identifica el punto exacto desde el cual esa respuesta se activa. A partir de aquí podemos dejar el pasado en su lugar y poner la prioridad en modificar el presente sin negar la historia ni forzar supuestos cambios de identidad, alterando las condiciones que mantienen activo ese patrón.

3. Los mitos que sostienen los patrones

Después de identificar la línea de vida, la firma financiera y el patrón que la activa, queda todavía una capa identitaria por revisar. En esa capa viven los relatos que están detrás de nuestras repeticiones. Ningún patrón se sostiene solo por emoción o por hábito. Para persistir en el tiempo necesita algo que lo haga parecer razonable o incluso inevitable. Esas ideas no suelen presentarse como teorías explícitas o convicciones fruto de reflexión profunda. Operan más bien como expresiones condensadas aparentemente obvias, como un "así son las cosas" que cierra la incomodidad y permite seguir decidiendo sin tensión interna.

A esas ideas las llamamos *mitos financieros.* Mito puede sonar a algo ingenuo o a una acusación de falta de información, pero no es nada de eso. Los mitos financieros estabilizan una forma de relación con el dinero. El mito vuelve emocionalmente habitable la realidad económica, reduciendo la disonancia entre lo que sentimos, hacemos y decimos de nosotros mismos. Los mitos resisten muy bien la evidencia contraria porque no están ahí para ser verdaderos.

Estos mitos se transmiten en escenas domésticas y encontrar su origen puede ser una quimera. Pueden ser frases dichas al pasar, el tono mismo de una conversación familiar, el miedo de los padres, el cansancio de una jefa, titulares repetidos o silencios prolongados alrededor de la mesa. No importa. Son pequeñas teorías caseras sobre cómo funciona el mundo económico, fáciles de recordar y transmitir, que se instalan temprano y operan como verdades preinstaladas que protegen el patrón que las organiza.

Mientras el mito esté intacto, la conducta aparece como natural y lógica y no muestra rastros de estrategia emocional. Por eso después de haber reconocido cómo se reacciona frente al dinero (la firma) y desde qué tipo de situaciones se activa esa reacción (el patrón), resulta imprescindible desarmar los relatos que los vuelven incuestionables. Solo cuando el mito pierde autoridad, el patrón deja de operar en automático y se abre la posibilidad de salir del círculo. No vamos aquí a listarlos todos, pero al revisar algunos de los más comunes vamos a afinar el ojo para descubrir al resto.

"AHORRAR ES PARA LOS QUE GANAN MUCHO"

Este mito suele aparecer con fuerza en trayectorias marcadas por escasez o inestabilidad temprana y funciona como una coartada perfecta para patrones organizados alrededor de la cautela o la evitación. Si ahorrar es algo que "otros" hacen, entonces no hay nada que revisar en la propia estructura. El cerebro juega su parte privilegiando lo inmediato y devaluando lo distante, de modo que reservar para un futuro abstracto se siente como un lujo injustificado.

En rigor, como muestran numerosos estudios, la capacidad de ahorrar depende menos del nivel de ingresos que de la forma en que el ahorro se incorpora a la vida cotidiana. Cuando el acto de reservar dinero exige atención sostenida y fuerza de voluntad, tiende a fracasar incluso en quienes ganan bien. En cambio, cuando el ahorro se apoya en sistemas simples de bajo costo cognitivo, aparece incluso en contextos de ingresos modestos y alta inestabilidad.

Las comparaciones internacionales muestran que el nivel de ingreso no explica por sí solo las diferencias en las tasas de ahorro. En contextos donde existen mecanismos estructurados, desde sistemas informales de ahorro colectivo hasta esquemas automatizados, incluso hogares de ingresos bajos logran sostener conductas de ahorro consistentes. El ahorro, en ese sentido, es una infraestructura y como tal se puede diseñar.[9]

---

[9] Véase Abhijit V. Banerjee y Esther Duflo, *Poor Economics: A Radical Rethinking of the Way to Fight Global Poverty*, New York, PublicAffairs, 2011, Richard H. Thaler y Shlomo Benartzi, "Save More Tomorrow: Using Behavioral Economics to Increase Employee Saving," *Journal of Political Economy* 112.1 (2004), 164–87 y Sendhil Mullainathan y Eldar Shafir, *Scarcity: Why Having Too Little Means So Much*, New York: Times Books, 2013, junto con los datos de

"ADMINISTRAR DINERO ES COMPLICADO"

Este mito suele aparecer donde la propia situación financiera genera incomodidad, por lo cual resulta un sostén eficaz de patrones de evitación o de delegación permanente. Cuando administrar dinero se presenta como una tarea intrínsecamente compleja, el gesto de revisar números deja de percibirse como una herramienta de orientación y se vive como una fuente de amenaza. No mirar, en ese contexto, resulta una decisión razonable, ya que, si algo es demasiado complicado, lo más sensato es mantenerse al margen.

Sin embargo, la complejidad real no está donde este mito la ubica. Hay ámbitos del mundo económico objetivamente difíciles, como entender derivadas financieras sofisticadas, navegar sistemas impositivos opacos o modelar riesgos con herramientas estadísticas avanzadas. Todo eso requiere formación específica, pero la administración cotidiana de la propia vida financiera no tiene ese orden de dificultad. Lo "complicado" es usualmente cansancio acumulado, vergüenza por no saber, miedo a equivocarse o incluso saturación frente a un exceso de opciones que termina paralizando. En efecto, cuando las alternativas se multiplican sin estructura, la calidad de las decisiones empeora y la tendencia a decidir se congela. Al contrario, la claridad y la simplicidad en la información financiera reducen la ansiedad y mejoran la capacidad de acción, incluso en personas sin formación económica. El problema, entonces, reside en el diseño del entorno decisional.

El mito de la complejidad inmoviliza, convirtiendo una destreza aprehensible en una barrera identitaria del tipo "esto no es para mí". Conviene siempre recordar que administrar dinero no requiere genialidad ni virtuosismo técnico. Todos lo hacemos necesariamente y lo podemos hacer mejor con sistemas simples y un marco que reduzca la fricción entre la información y la acción. Este mito, al presentar lo cotidiano como inabordable, posterga indefinidamente ese aprendizaje.

World Bank, *World Development Report 2015: Mind, Society, and Behavior*, Washington, World Bank, 2015.

"INVERTIR ES ARRIESGADO"

Dicho así, el enunciado parece una obviedad que expresa prudencia, casi una advertencia responsable. Sin embargo, encubre una confusión profunda sobre el riesgo y su origen. Decir que invertir es arriesgado es como afirmar que manejar un auto es peligroso. En rigor, lo peligroso no es el acto en sí, sino hacerlo contra las reglas o sin atención. Manejar con los ojos cerrados es riesgoso, pero que manejar con criterio no lo es necesariamente o, en todo caso, implica peligros similares a otro montón de cosas que no vamos a dejar de hacer porque son el núcleo de la vida personal y social. Después de todo, la mayor tasa de accidentes se da dentro del propio hogar. ¿Cómo haríamos para dejar de vivir en una casa, si todo se tratara de evitar riesgos?

Este mito, que pasa por sensatez, termina alimentando patrones de cautela extrema, en los que la protección del presente se vuelve prioritaria incluso a costa del futuro. En ese marco, cualquier exposición al mercado aparece como una amenaza, mientras que la inacción se vive como neutral o segura. Esa neutralidad es ilusoria porque al renunciar a la inversión no dejamos de asumir riesgos. En todo caso lo cambiamos por otro muy específico y garantizado. Desde la neuroeconomía se ve que gran parte del miedo asociado a la inversión proviene de la experiencia emocional de la volatilidad. Ver cómo una cifra sube y baja activa circuitos de amenaza incluso cuando el daño no se materializó,[10] de modo que la pantalla resulta más inquietante que el resultado. Mientras tanto, procesos menos visibles, como la inflación, erosionan de manera constante y silenciosa el poder adquisitivo, con un impacto acumulado muy superior al de muchas malas decisiones puntuales de inversión.

El mito del riesgo, entonces, no distingue entre invertir e improvisar. Confunde estrategia con apuesta y horizonte con impulso. Podemos decir que invertir sin información o sin planifica-

---

[10] Véase Brian Knutson et al., "Anticipation of Increasing Monetary Reward Selectively Recruits Nucleus Accumbens," *Journal of Neuroscience* 21.16 (2001) y Brian Knutson et al., "Neural Antecedents of Financial Decisions," *Neuron* 58, no. 5 (2008): 814–22.

ción es efectivamente riesgoso, mientras que invertir siguiendo un buen diseño es, en esencia, una forma de administrar tiempo distribuyendo hoy recursos para que conserven o incrementen su capacidad de sostener la vida de mañana. En suma, es riesgoso entrar en el mercado sin herramientas tanto como quedar excluido por miedo, dejando que el paso del tiempo nos juegue en contra.

"EL DINERO NO DA FELICIDAD"

Esta frase suele aparecer cuando la conversación sobre dinero empieza a incomodar. Funciona muy bien como un cierre moral que calma tensiones y evita preguntas difíciles. Decir que el dinero no da felicidad nos permite tomar distancia, preservar cierta superioridad ética y al mismo tiempo esquivar la cuestión de la función del dinero en la vida cotidiana. En verdad, el dinero no produce felicidad en el sentido pleno y existencial del término, pero incrementa el bienestar hasta un umbral atendible, sin necesidad de lujo o exceso, a través de la reducción de la incertidumbre y la exposición a amenazas. Poder pagar una emergencia, elegir sin angustia o vivir sin la sensación permanente de fragilidad económica no hace a nadie feliz en términos épicos, pero evita muchas formas de sufrimiento cotidiano por los cuales tampoco es posible ser totalmente feliz si tenemos la buena estrella de que nos toque la felicidad existencial. No vaya a ser cosa de arruinar la perfección porque descuidamos lo material.

Cuando la distinción entre felicidad plena y bienestar se borra, el dinero pasa a ocupar un lugar de sustituto emocional y tiene una increíble capacidad para hacerlo. En ese punto, este mito oculta su contracara, en la cual el uso del dinero tapa faltas afectivas, identitarias o relacionales alineadas con lo que para cada firma es importante. El Compensatorio busca alivio inmediato, el Controlador una seguridad imposible de clausurar, el Optimista intensidad y promesa y el Protector pertenencia y sentido a través del sostén de otros. En todos los casos, el dinero amplifica una demanda previa. Al negar sin más la relación entre dinero y felicidad, el mito permite usar el dinero como un atajo emocional sin asumir el costo de esa operación. Si "el dinero no da felicidad", entonces no habría nada que revisar en la forma en que se gasta, se acumula, se presta o se evita, porque la forma en que se lo usa no tiene que ver con eso. Desarmar este mito implica devolverle al dinero a su lugar de herramienta para reducir incertidumbre y ampliar opciones sin pretender que supla lo que corresponde a la elaboración emocional. Hurgar en estas grietas y trampas que nos tendemos a nosotros mismos nos devuelve lucidez, que en materia financiera es una forma poco glamorosa de bienestar.

"SI GANO MÁS, VOY A ESTAR MEJOR"

Este mito es casi universal y extraordinariamente falso. Consideremos el fenómeno de "adaptación hedónica" que rige nuestra conducta. Esta noción refiere a la tendencia a acostumbrarnos rápidamente a los cambios, incluyendo los que inicialmente generan placer o alivio. La idea fue formulada en psicología en los años setenta tras notar que las personas tienden a volver, con el tiempo, a un nivel relativamente estable de bienestar subjetivo, aun después de eventos tan intensos como ganar la lotería o sufrir una pérdida grave.[11] El impacto emocional inicial se atenúa y lo que parecía transformador pasa a integrarse en la normalidad.

A partir de este fenómeno se popularizó la metáfora de la rueda hedónica, que ilustra cómo las personas pueden "correr" detrás de mejoras materiales o ingresos sin avanzar realmente en términos de bienestar duradero. Cada nuevo aumento eleva momentáneamente la satisfacción, convirtiéndose pronto en el nuevo punto de partida, que a su vez exige más para producir el mismo efecto. Esta noción permite comprender por qué mejorar las condiciones externas, por sí solo, rara vez resuelve los problemas financieros de fondo. Sin cambios en hábitos, expectativas y patrones de deci-

---

[11] Philip Brickman y Donald T. Campbell, "Hedonic Relativism and Planning the Good Society," en *Adaptation-Level Theory: A Symposium*, ed. M. H. Appley, New York, Academic Press, 1971, 287–302, Philip Brickman, Dan Coates y Ronnie Janoff-Bulman, "Lottery Winners and Accident Victims: Is Happiness Relative?" *Journal of Personality and Social Psychology* 36, no. 8 (1978), 917-27 y Kahneman, D. *Thinking, fast and slow.* New York, Farrar, Straus and Giroux, 2011.

sión, el aumento de recursos termina alimentando la misma narrativa a una escala mayor, con más gastos y más presión. Si es así, por el mero aumento de ingresos, no vamos a estar mejor.

Este mito suele sostener patrones que posponen indefinidamente el trabajo de fondo. Si la mejora está siempre proyectada hacia un ingreso futuro, no hay urgencia por revisar el presente, ya que las decisiones actuales se justifican en nombre de un mañana que promete compensar todo. La adaptación hedónica desarma esa promesa con una lógica implacable: el mañana llega, pero llega convertido en hoy y el hoy, sin cambios estructurales, vuelve a sentirse insuficiente. Desarticular este mito permite separar crecimiento económico de progreso subjetivo y pensar ambos como procesos relacionados, pero no idénticos.

"Las deudas son malas"

Pocas frases tienen una carga moral tan automática como esta. Se pronuncia con la misma seguridad con la que se dicen ciertas obviedades familiares, como si la deuda fuera una falta en sí misma, un error de carácter o una prueba de irresponsabilidad. Sin embargo, la deuda, tomada en serio, no es buena ni mala. No tiene ética propia. Lo que tiene, en cambio, es función y como toda herramienta, su efecto depende del uso en un contexto y, sobre todo, del motivo que la pone en marcha. Hay deudas que funcionan como puentes, en tanto permiten anticipar recursos para producir más adelante, estudiar o crecer. Hay otras que cumplen un rol estabilizador al amortiguar emergencias, evitando colapsos momentáneos o comprando aire cuando la realidad aprieta demasiado. En esos casos, la deuda es una respuesta razonable a una restricción concreta. El problema aparece cuando la deuda deja de conectar dos momentos y empieza a girar en círculo, por ejemplo, sosteniendo un estilo de vida que no se puede pagar o tapando tensiones que no encuentran otra vía de resolución. La deuda es un síntoma y nos equivocamos si miramos solamente un número aislado o nos perdemos pensando en términos de falta moral. El síntoma dice algo que no surge mirando solo la tasa de interés.

"Yo no soy bueno con el dinero"

Este mito es, probablemente, el más dañino de todos, porque va más allá de la descripción de una dificultad puntual y termina decretando una identidad. Decir "no soy bueno con el dinero" suena humilde y honesto, cuando en rigor oculta una clausura silenciosa que transforma una destreza adquirible en un rasgo fijo y bloquea cualquier intento real de cambio. Cuando algo pasa a formar parte de "lo que soy", deja de ser un terreno de trabajo y se vuelve destino. El error se vive, entonces, como una confirmación de identidad que justifica una retirada anticipada. Sin embargo, manejar dinero es una destreza cultural y práctica como cocinar o hablar en público. Nadie nace sabiendo y en general se aprende bastante rápido una vez que se apaga el ruido costoso de la vergüenza. Mientras la dificultad se viva como defecto personal, el aprendizaje queda suspendido, mientras que cuando se la reconoce como habilidad entrenable, el terreno se abre. Hay que desterrar este mito con método y estructura, abandonando esa frase heredada que nunca fue del todo cierta.

Miremos esta pequeña lista de mitos de nuevo. Todos son funcionales al sostenimiento de patrones, por eso cuando el mito se debilita, el patrón pierde respaldo narrativo y la firma deja de gobernar. A partir de aquí, el trabajo pasa de la comprensión al diseño para construir contextos y apoyos que permitan decidir distinto sin necesidad de pelear contra uno mismo.

*

Al comenzar este capítulo, el dinero podía parecer todavía un asunto de cifras, cuentas y operaciones. A medida que el recorrido avanzó, esa apariencia fue cediendo y dejamos de buscar soluciones en recetas financieras para adentrarnos en la relación entre el dinero y nuestra propia historia, hecha de hábitos incorporados sin deliberación, miedos heredados y repeticiones que alguna vez protegieron y que, con el tiempo, también comenzaron a limitar. Al volverse visible, esa identidad pierde parte de su fuerza de arrastre y abre un margen de elección.

Comprender la identidad financiera cambia el lugar desde el que miramos. Mientras creemos que decidimos de manera puramente racional, cada error se interpreta como falta de disciplina y cada acierto como cuestión de voluntad. Cuando reconocemos que nuestras decisiones están atravesadas por patrones aprendidos y por hábitos que se activan sin que lo advirtamos, deja de tener sentido buscar soluciones universales. Sin embargo, el autoconocimiento por sí solo no organiza la vida económica. Saber cómo decidimos no indica todavía hacia dónde queremos ir. Para que las decisiones tengan continuidad, hace falta un criterio que ordene el esfuerzo y permita distinguir lo importante de lo urgente. Por eso el siguiente paso del método consiste en formular un norte, es decir, definir con claridad qué queremos que el dinero haga por nosotros.

N

Norte y metas

Enero. Nos sentamos con un café y anotamos en un cuaderno nuevo: "Este año voy a ahorrar, salir de las deudas, empezar a invertir y gastar menos en tonterías". Lo hacemos rápido, con la energía limpia del comienzo y por un rato la lista se siente como un plan poderoso. Para marzo, el cuaderno está en un cajón. En mayo ya no recordamos en qué cajón. En realidad, es normal que algunas metas se abandonen, pero si cada enero vuelven las mismas está pasando algo. Ese patrón está mostrando algo que deberíamos tomar en serio, porque algo en nosotros *sabe* lo que quiere pero no logra sostenerlo. Este paso del método se ocupa de entender por qué nos pasa esto y de construir algo que funcione distinto.

Hasta ahora el trabajo fue retrospectivo. Miramos hacia atrás para entender nuestra relación con el dinero, hecha de escenas primigenias, respuestas automáticas y patrones viejos que siguen activos. Ahora observemos la dirección. Planificar es escribir por adelantado una parte de nuestra propia historia. Así visto, hay pocas cosas tan importantes. El error más común es considerar que la planificación financiera es cosa de gente ordenada, contadores aficionados o fanáticos del Excel. En realidad, la planificación es una herramienta narrativa que responde a la pregunta sobre cómo queremos que se vea nuestra vida de acá a unos años y qué tiene que hacer nuestro dinero para que eso sea posible. Es decir, qué lugar va a ocupar el dinero en la historia que todavía no ocurrió. Cuando no hay plan, el dinero reacciona ante urgencias, apagando urgencias o impulsos repentinos. Cuando hay plan, en cambio, el dinero cumple funciones diferenciadas. Una parte sostiene el presente, otra amortigua el corto plazo y otra trabaja silenciosamente para construir un después. Así deja de ser una fuerza caótica y se comporta como un elenco de tareas coordinadas. El capítulo N, de Norte, se ocupa de esto, porque nuestro "yo del futuro" existe. La única duda es si va a encontrarse con una vida improvisada o con una que nos tomamos el trabajo de planificar.

1. El cerebro que no coopera

Antes de hablar de metas conviene aclarar algunas cosas sobre el aparato que va a decidir si las cumplimos o no. Nuestros cerebros siguen siendo aparatos antiguos, diseñados para sobrevivir a la sabana, no para interpretar un *homebanking*. Esa arquitectura mental sigue operando hoy, incluso cuando las decisiones dejaron atrás la caza o el refugio para enfocarse en pantallas y plazos. En ese desajuste aparecen los sesgos cognitivos, es decir, patrones de percepción y decisión que implican regularidades profundas. La psicología comenzó a estudiarlos de manera sistemática en la segunda mitad del siglo XX a través de casos donde las personas decidían mal de manera previsible. Lo que parecía irracional tenía, en realidad, una lógica interna muy consistente.

Uno de esos sesgos es el llamado *sesgo del presente* y consiste en la tendencia a darle más peso a lo inmediato que a lo distante. Nos quedamos cortos si solo vemos impulsividad pura o falta de autocontrol, cuando esta sensibilidad heredada es una ventana a la historia humana más antigua, en tiempos en los que postergar una gratificación podía significar perderla. Pensemos en un *Homo sapiens* en el este de África, en la región del valle del Rift en la actual Kenia, hacia el final del Pleistoceno tardío, hace unos 40.000 años. Vive en un grupo nómade, sin agricultura ni técnicas de almacenamiento prolongado y depende de recursos de disponibilidad irregular. A veces consigue frutos estacionales, otras pequeños animales y ocasionalmente se alimenta de carroña. Cuando nuestro individuo encuentra fruta madura, consumirla de inmediato le asegura energía en un entorno donde la próxima oportunidad es incierta. Guardarla implica riesgos concretos, ya que el alimento puede deteriorarse en pocas horas bajo las altas temperaturas o también otros miembros del grupo podrían reclamarlo. ¿Qué tal esconderla? Mala idea. Un desplazamiento forzado podría impedir volver al mismo lugar. En ese entorno, privilegiar lo inmediato era una estrategia adaptativa frente a la volatilidad del recurso. Ese mismo mecanismo, trasladado al presente, vuelve especialmente atractivas las decisiones que prometen alivio rápido, aunque el costo se pague después. El cerebro, que no distingue entre peligro y malestar, responde a ambos con urgencia.

Otro movimiento frecuente es la *proyección optimista*, una inclinación persistente a imaginar que el futuro será más ordenado, generoso y manejable que el presente. El mes que viene parece siempre más liviano; el próximo ingreso, más fácil de administrar; la versión futura de uno mismo, más disciplinada. Esta ilusión no suele vivirse como autoengaño, sino como una expectativa razonable y funciona como una narrativa tranquilizadora que permite postergar ajustes incómodos bajo la promesa implícita de que más adelante será distinto.

La *aversión a la pérdida* es más emocional. Las pérdidas tienen un impacto psicológico mayor que las ganancias, incluso siendo iguales. Por tanto, nuestras decisiones no se orientan tanto a maximizar beneficios como a evitar pérdidas.[12] En un experimento famoso en la Universidad de Duke, donde el básquet es una religión y las entradas son tan escasas que se reparten por sorteo después de que los estudiantes acampan días frente al estadio, los investigadores llamaron por teléfono a estudiantes que habían ganado entradas en el sorteo y a otros que no, preguntándo a los primerospor cuánto venderían la suya, a los otros cuánto pagarían por conseguir una.[13] Curiosamente, los que no la tenían ofrecían pagar, en

---

[12] Véase Kahneman, Daniel, and Amos Tversky. "Prospect Theory: An Analysis of Decision under Risk." *Econometrica*, vol. 47.2, 1979, pp. 263–291; Barberis, Nicholas C. "Thirty Years of Prospect Theory in Economics: A Review and Assessment." *Journal of Economic Perspectives*, vol. 27, no. 1, 2013, pp. 173–196.
[13] Ziv Carmon y Dan Ariely, "Focusing on the Forgone: How Value Can Appear So Different to Buyers and Sellers", *Journal of Consumer Research* 27 (2000), 360–

promedio, unos 170 dólares; los que la habían ganado no la soltaban por menos de 2.400. La misma entrada, conseguida del mismo modo, valía catorce veces más para quien ya la tenía en la mano, solo porque desprenderse de ella se sentía como una pérdida. Lo mismo, en versión cotidiana, le pasa a quien pone su auto en venta. El dueño le suma al precio los años vividos y pide bastante más de lo que el mercado paga, porque para él vender barato es perder algo propio; el comprador, en cambio, solo ve un auto. Al final, el auto sobrevaluado queda meses sin venderse y el dueño, obsecado pero también harto, termina convencido de que vender es difícil y cierra un trato horrible por menos de lo que habría conseguido con un precio realista desde el arranque. La aversión a la pérdida termina provocando la pérdida.

La *falacia del costo hundido* describe la dificultad para abandonar algo en lo que ya invertimos mucho, aunque haya dejado de tener sentido. Un costo hundido es lo que ya gastamos y no vamos a recuperar pase lo que pase y justamente por eso debería ser irrelevante para decidir qué hacer de ahora en adelante. Pero no lo es, porque abandonar se siente como admitir que todo lo puesto antes fue en vano. El caso más célebre, como para darle otro nombre a este sesgo, es el del avión Concorde. Cuando los gobiernos de Francia y Reino Unido ya sabían que el proyecto del avión supersónico nunca sería rentable, siguieron invirtiendo durante años, porque detener algo en lo que había puesto tanto parecía un desperdicio insoportable.[14] Construyeron apenas una veintena de aviones, jamás recuperaron lo invertido y al final lo retiraron de servicio en 2003. Los que decidían eran funcionarios sofisticados con todos los análisis sobre la mesa, lo que demuestra que saber que existe el sesgo no nos vuelve inmunes a él.

Hacemos lo mismo a cada rato. Recordemos esa película aburrida que seguimos mirando hasta el final porque ya pagamos la entrada, como si quedarnos sentados recuperara el dinero en lugar de sumarle, al gasto, dos horas perdidas. ¿Y ese curso que nos

370.

14 Hal R. Arkes y Catherine Blumer, "The Psychology of Sunk Cost", *Organizational Behavior and Human Decision Processes* 35.1 (1985), 124–140.

aburre pero ya pagamos la cuota entera? Seguimos poniendo plata sin parar en un lavarropas que no da para más porque ya gastamos una fortuna en arreglarlo y, por supuesto, está esa inversión que se hunde pero no queremos perder lo que pusimos. La verdad es que el dinero del pasado ya está perdido. En lugar de quedarnos presos de cuánto se fue en algo, podemos preguntarnos si empezando hoy de cero y con lo que sabemos ahora volveríamos a poner dinero ahí. Casi siempre eso desarma el hechizo.

De modo muy discreto *el efecto status quo* nos lleva a dejar las cosas como están incluso cuando no nos convenga. En lugar de cálculo sobre lo ya invertido, aquí pesa la sensación de que cambiar exige energía y riesgo de equivocarse, mientras que no hacer nada parece la opción sin esfuerzo. Entre la incomodidad concreta de actuar hoy y la incomodidad difusa de un mal funcionamiento crónico, el cerebro elige casi siempre la segunda, porque no la siente como una decisión. Y ahí estamos años con la misma cuenta bancaria cara aunque haya opciones mejores. No es que creamos que está bien, pero abrir el tema, averiguar, comparar y dar el paso se siente más caro que convivir con el problema mirando para otro lado. La versión más cara es el presupuesto que nunca elegimos. Muchísimas personas gastan mes a mes según un patrón que jamás decidieron de manera deliberada. Simplemente se fue formando solo, por acumulación de costumbres, y se reproduce por inercia. El *status quo* nos quita decisión y convierte en destino lo que siempre fue revisable. La buena noticia es que el mismo mecanismo puede jugar a favor una vez que se invierte el arranque. Cuesta poner en marcha un cambio, pero una vez instalado, la inercia que antes sostenía lo malo pasa a sostener lo bueno, por ejemplo, cuando automatizamos decisiones financieras sanas, para que la pereza, que es inevitable, trabaje de nuestro lado en lugar de en contra.

Hay otro mecanismo transversal que explica muchas incoherencias cotidianas en la relación con el dinero. Richard Thaler lo llamó *contabilidad mental* y consiste en la tendencia a dividir mentalmente el dinero en compartimentos estancos con reglas distintas.[15] Podemos cuidar el mismo monto con extremo celo o gastarlo con ligereza según la etiqueta que le pusimos. Por ejemplo, sentimos un ingreso "extra" como algo que podemos hacer desaparecer de inmediato, incluso cuando nuestra situación general es frágil. Desde el punto de vista formal, no hay diferencia alguna entre montos, pero los vivimos y usamos distinto.

En un experimento famoso, a un grupo de personas le plantearon la escena de compra de una entrada de teatro por diez dólares que se pierde. ¿Compraría otra? A otro grupo le plantearon la variante de una entrada que cuesta diez dólares, donde al llegar a la boletería la persona descubre que perdió un billete de diez. ¿Compraría igual la entrada? En las dos situaciones faltan diez dólares, pero las respuestas fueron opuestas. Ante la entrada perdida, solo el 46% dijo que compraría otra; ante el billete perdido, el 88% compró la entrada sin problemas.[16] ¿Por qué? En el primer caso la mente carga los diez dólares perdidos a la "cuenta del teatro" y comprar otra entrada hace sentir que la salida costó veinte, lo cual parece demasiado. En el segundo, el billete perdido pertenece a la cuenta mental del "efectivo" y no contamina el costo de la función.

La contabilidad mental permite ahorrar en una cuenta y endeudarse en otra sin que aparezca una sensación clara de contradicción, porque cada flujo pertenece, en nuestra narrativa interna, a una historia diferente. Cuando un presupuesto impone una lógica que pasa esto por alto a menudo fracasa y pierde la oportunidad de usar este mecanismo como aliado. Las "cuentas mentales" que separan el dinero del alquiler del dinero de las vacaciones o el sobre

---

15 Thaler, Richard H. "Mental Accounting and Consumer Choice." *Marketing Science*, vol. 4, no. 3, 1985, pp. 199–214. Véase también Prelec, Drazen, and George Loewenstein. "The Red and the Black: Mental Accounting of Savings and Debt." *Marketing Science*, vol. 17, no. 1, 1998, pp. 4–28 y Kamalini, I et al. "The Effect of Financial Literacy, Mental Accounting, and Risk Aversion on Students' Investment Decisions". *International Journal of Economics, Management and Accounting*, vol. 2, no. 4, 2025, pp. 158–170.

16 Daniel Kahneman y Amos Tversky, "The Framing of Decisions and the Psychology of Choice", *Science* 211, n.º 4481 (1981), 453–458.

del ahorro del de los gastos corrientes vuelven manejable un presupuesto, pero hay que tenerlo presente.

Al cruzar estos sesgos con las firmas financieras que exploramos en I, se ve que la naturaleza de los rasgos de cada una se fortalecen. Al Compensador el sesgo de presente le provoca alivio inmediato con una intensidad que el futuro no puede igualar. En el Acumulador la aversión a la pérdida convierte cualquier gasto en una pequeña amenaza. Cuando el Evitador piensa en cambiar, mirar los números y pensar en trámites le produce una incomodidad que el cerebro traduce como peligro y sale corriendo, mientras el *status quo* le ofrece extrema comodidad. El Protector toma la falacia del costo hundido como algo profundo y sigue poniendo recursos en otros porque ya puso demasiado y abandonar se sentiría como pérdida de centralidad, después de haber sacrificado tanto. Esos sesgos no desaparecen con buenas intenciones, pero podemos diseñar metas que los tengan en cuenta desde el principio y hagan innecesario el heroísmo cotidiano.

2. El portafolio de metas

Los libros tradicionales de finanzas personales nos piden que hagamos todo a la vez. Ahorrar, invertir, salir de deudas, crear un fondo de emergencia, pensar en la jubilación, por supuesto estudiar más y, obviamente, no olvidarnos de emprender. Todo viene junto y es urgente. El resultado es una mezcla de culpa con parálisis que bloquea cualquier cambio relevantes. Dejemos eso atrás y hagamos un giro INVERSO. En lugar de acumular objetivos desconectados, vamos a armar un portafolio de metas que nos organice, sabiendo que no todas las inversiones cumplen la misma función ni operan en el mismo horizonte temporal.

El criterio central para armar ese portafolio es la *distancia*. El *corto plazo* (3 a 6 meses) reúne metas orientadas a estabilizar la vida actual, por ejemplo, reducir asfixia o crear un margen mínimo de maniobra. El *mediano plazo* (1 o 2 años) agrupa metas para producir cambios visibles en nuestra situación general, como modificar ingresos o completar un estudio, avanzando en objetivos significativos. El *largo plazo* (3 a 5 años o más), a su vez, aloja metas que cambian nuestra identidad. Pueden ser giros profesionales, mudanzas o tal vez el plan para nuestra vejez.

Las personas cuyos objetivos entran en conflicto entre sí avanzan menos y se sienten peor, porque ponen muchos deseos a competir por los mismos recursos mentales sin criterio de prioridad.[17] Cuando "salir de deudas", "viajar" y "ahorrar para un departamento" coexisten en el mismo plano temporal, cada gasto se convierte en una pequeña traición a las otras metas.

Por otra parte, el cerebro procesa distinto lo cercano y lo lejano. Las metas de corto plazo se representan en términos concretos y las de largo plazo activan motivaciones más raigales. Cuando mezclamos ambos registros en la misma lista, forzamos al cerebro a operar en dos modos simultáneos y reina la confusión.[18] En cambio, cuando las distribuimos cada una en su horizonte, operan en el registro que les corresponde. Un truco mental que funciona bien consiste en armar un portafolio con horizontes distintos donde las metas cooperen. Una meta de corto plazo puede sostener emocionalmente una de largo plazo ("este mes logré ahorrar lo previsto y eso me acerca a algo que importa") y una de mediano plazo puede iluminar el sentido del esfuerzo cotidiano ("estoy completando una carrera que en un año puede cambiar mis ingresos"). Cada una le habla a una parte distinta de nuestra mente.

Pero no hay trucos para todo. Conviene aceptar de entrada que solo unas pocas cosas que deseamos pueden ejecutarse bien al mismo tiempo. Podemos *mantener activas como máximo tres metas financieras*, una por cada horizonte temporal. No hace falta que descartemos el resto, pero podemos estacionarlo en una lista de espera sin exigencia de atención constante. Esta restricción mantiene a raya nuestra ambición para que no consuma energía mental.

---

[17] Emmons, R. A. y King, L. A., "Conflict Among Personal Strivings: Immediate and Long-Term Implications for Psychological and Physical Well-Being", *Journal of Personality and Social Psychology* 54, no. 6 (1988), 1040–1048.

[18] Sobre la Teoría de los Niveles de Representación véase Trope, Y. y Liberman, N., "Construal-Level Theory of Psychological Distance", *Psychological Review* 117, no. 2 (2010), 440–463.

Sumemos una distinción clave que arruina la mayoría de los cuadernos de enero: *no todas las metas son iguales*. Las *metas de resultado* describen lo que queremos ver al final del camino, por ejemplo, un monto ahorrado o una deuda reducida. Funcionan como imágenes atractivas del después y cumplen un rol motivacional importante. Las *metas de proceso*, en cambio, describen lo que hacemos regularmente, ya sea que nos falte entusiasmo o el mundo real se empeñe en arruinarnos los planes. Son conductas repetidas, muy poco glamorosas, pero que terminan inclinando la balanza, porque son las que transforman. Las primeras son como esos *trailers* espectaculares que tal vez terminen siendo una película olvidable con mucha explosión y poca trama. Las metas de proceso, al contrario, son la joya del buen guionista que construyen una historia sólida. Si solo tenemos metas de resultado, cada vez que el mundo real nos tome de punto (y lo hace con una dedicación admirable), vamos a sentir que fracasamos. La planificación se vuelve seria cuando entendemos que la clave está en hacer de a poco.

Hay un tercer tipo: las *metas de identidad,* que apuntan más profundo a quiénes queremos ser en relación con el dinero. Esas versiones futuras de uno mismo ordenan nuestras decisiones presentes, como no lograr un buen pasar o no necesitar endeudarnos para calmar un mal día. A diferencia de las metas tradicionales, no se rompen cuando un mes sale mal, porque marcan una dirección sostenida. Si las tenemos claras nos acompañan y permiten que incluso los tropiezos formen parte del camino en lugar de vivirse como fracasos catastróficos.

La planificación que propone este capítulo trabaja con un sistema articulado. Para elegir las metas sin autoengaños, conviene empezar sin filtros anotando todo lo que aparece como deseo sin jerarquizar. "Salir de deudas", "comprar un departamento", "viajar", "trabajar menos", "estudiar algo nuevo", "emprender", "ahorrar", "dormir tranquilo". Todo entra. Comenzamos por elegir una meta de sentido profundo para el largo plazo y con la mira en ella elegimos otra importante orientada al cambio visible para el mediano plazo, realizable en uno o dos años, y una meta urgente para estabilizar el presente, de cumplimiento en el corto plazo (3 a 6 meses). Todo lo demás queda ahí, en espera. ¿Cómo elegirlas bien?

3. Anatomía de una meta que sobrevive

No vamos a usar los métodos usuales. Conviene decirlo explícitamente, porque más de un lector atento podría estar esperando encontrarlos aquí. Después de todo, FODA (fortalezas, oportunidades, debilidades y amenazas) es la herramienta clásica cuando se habla de planificación. Se enseña en universidades, aparece en manuales de *management* y suele colarse, casi por inercia, en muchos libros de desarrollo personal que intentan "ordenar la vida" con la misma lógica con la que se ordena una empresa. De hecho, es una herramienta muy efectiva para organizaciones que toman decisiones colectivas, pero no somos empresas ni sostenemos las decisiones sin conflicto.

Revisemos otras herramientas con el caso de Ana. Tiene 38 años, trabaja como diseñadora freelance, de modo que sus ingresos son variables, y acaba de decidir que necesita armar un fondo de emergencia. Es algo razonable. Veamos qué pasa cuando intenta construir la meta.

Lo primero que Ana necesita es *claridad*. La psicología del comportamiento ofrece para eso un conjunto de criterios conocidos como SMART (por sus siglas en inglés: *specific, measurable, achievable, relevant, time-bound*), que se repiten tanto que terminaron perdiendo fuerza.[19] Si bien no tienen nada de receta mágica, obligan a bajar a tierra los deseos. "Quiero mejorar mis finanzas" no significa nada; "quiero ahorrar $500 por mes durante 24 meses para tener un fondo de emergencia de $12.000" es lo suficientemente específico como para que el cerebro pueda seguirlo sin confundirse. Ana formula su meta así. Es medible, está situada en el tiempo, parece alcanzable sin arruinar su vida y tiene relevancia directa, porque al trabajar como freelancer, cada vez que un cliente tarda en pagar, el

[19] George T. Doran, "There's a S.M.A.R.T. Way to Write Management's Goals and Objectives," *Management Review* 70, no. 11 (1981): 35–36. Véase también Locke, E. A., & Latham, G. P. (2002). Building a practically useful theory of goal setting and task motivation. *American Psychologist*, 57(9), 705–717.

estrés le arruina la vida. Hasta acá, todo está bien, pero la claridad no la protege del abandono. Cuando en abril un proyecto se cae y tiene un mes flojo, la transferencia a la cuenta de ahorro queda suspendida. Un mes se convierte en dos y para junio ya no se acuerda en qué mes dejó de hacerla. La realidad mató la meta y no había ningún mecanismo previsto para impedirlo.

Ahí aparece una segunda herramienta, WOOP (*wish, outcome, obstacle, plan*), que parte de una idea simple. Además de saber qué queremos, tenemos que anticipar qué va a impedir lograrlo. En lugar de perdernos soñando el futuro perfecto, pensamos dónde se nos puede romper el plan.[20] Ana lo aplica. Su deseo es vivir más tranquila, el resultado esperado es contar con un fondo de emergencia, el obstáculo es que en los meses flojos la tentación de suspender el ahorro es enorme y para eso diseña un plan condicional que dice: "Si en un mes gano menos de lo habitual, en lugar de suspender la transferencia la reduzco a la mitad". Es mejor que nada, porque anticipa el sabotaje, pero sigue dependiendo de que Ana, en un mes de estrés financiero, ejecute una decisión que requiere autocontrol justo cuando está más agotada.

Una tercera herramienta, la *implementación por intenciones*, ataca este flanco trasladando la decisión al pasado. Para eso define qué acción ocurre ante qué disparador y en qué momento: "Cuando ocurra X, voy a hacer Y", con precisión quirúrgica.[21] Ana ajusta: "El día 1 de cada mes, a las 8 de la mañana, reviso mis ingresos y hago la transferencia al fondo antes de pagar cualquier otra cosa". Cuando la conducta está atada a una situación concreta, la ejecutamos casi sin deliberación.

La meta de Ana tiene claridad, realismo conductual y automatización. Durante seis meses la sostiene con ahínco. Parece que el sistema funciona, pero al séptimo se rompe. ¿Qué pasó? Lo que hay que saber es que Ana es Compensadora. Eso no significa que sea irresponsable. Significa que cuando acumula estrés, su cerebro

---

20 Gabriele Oettingen, *Rethinking Positive Thinking: Inside the New Science of Motivation*, New York, Current, 2014.

21 Peter M. Gollwitzer, "Implementation Intentions: Strong Effects of Simple Plans," *American Psychologist* 54, no. 7 (1999): 493–503.

busca alivio inmediato con una fuerza que las declaraciones de intenciones no pueden contrarrestar. En los meses malos, el sesgo de presente le gana y julio fue un mes malo. Un proyecto grande se complicó, un cliente le debe dos facturas y el lavarropas dejó de andar. Cuando llega el 1ro de agosto Ana está agotada, hace la transferencia al fondo como estaba previsto, pero se olvidó que el débito del seguro se movió de fecha y le aparece un saldo negativo con comisión. Lo corrige manualmente, irritada.

El fin de semana siguiente, después de otra semana difícil, se da un gusto que no estaba en el presupuesto. No es mucho, pero la contabilidad mental ya hizo lo suyo, convenciéndola de que el gusto sale de una "cajita" distinta al ahorro, así que no lo siente como una contradicción. La transferencia automática sigue configurada, pero Ana la suspende "solo este mes" porque los ingresos fueron más bajos. Para septiembre el fondo tiene dos meses sin aportes y ella ni se enteró, porque ningún mecanismo la alerta. Mientras tanto, lo que ya había acumulado sigue en la misma cuenta donde opera el resto de su dinero, así que cuando en octubre necesita organizar su cumpleaños, usa todo sin pensarlo demasiado. Total, "ya lo repongo". El fondo, que era una entidad separada en su cabeza, nunca lo fue en la arquitectura de su vida financiera.

¿Qué falló? Sus herramientas no evaluaron la compatibilidad de esa meta con la firma financiera de Ana. Una Compensadora bajo estrés necesita que el sistema no le permita deshacer la meta en el momento de vulnerabilidad. La suspensión de agosto fue el sesgo de presente operando, como hace siempre, con la diferencia de que esta vez tenía el botón de pausa a un clic. El cumpleños a lo grande en octubre fue una consecuencia predecible porque estaba operativamente disponible en la cuenta corriente. Los meses sin aportes fueron alimentados por la ausencia de un mecanismo que frenara la interrupción antes de que se volviera el nuevo *status quo*.

Aunque Ana no fuera Compensadora, el esquema era igual de frágil. Si fuera Evitadora, directamente habría dejado de ocuparse del tema. Si fuera Optimista, habría redirigido parte del fondo a "una oportunidad que no puedo dejar pasar". La firma cambia, el mecanismo de fracaso también, pero el punto ciego es el mismo.

Las tres herramientas modelan metas aisladas sin evaluar el sistema conductual y operativo en el que esas metas tienen que funcionar. Como veremos en E, la consistencia en el tiempo es el mecanismo fundamental de acumulación de rendimiento, así que esta cuestión es especialmente seria.

Ahí es donde el Método INVERSO introduce una capa adicional, compatibilizando meta, firma financiera y arquitectura del sistema. ARCO va más allá de otros mecanismos y sus cuatro dimensiones (*Anclaje identitario*, *Realismo operativo*, *Contra-sabotaje estructural* y *Orquestación sistémica*) protegen a la meta para que sobreviva fuera del papel, como cuando buscamos darle al blanco bien pertrechados.

Empecemos por el *Anclaje identitario*. Esta fase diagnóstica cruza dos variables: nuestra meta concreta, que podemos aclarar con los criterios de SMART, y nuestra firma financiera, prestando atención al *patrón de interferencia predecible*, es decir, el modo específico en que nuestro sesgo conductual va a intentar desviar la meta hasta vaciarla de función. Para encontrarlo podemos hacernos tres preguntas.

Primero: ¿Qué me resulta más fácil y más difícil de esta meta? Lo fácil suele estar alineado con la firma (el Acumulador ahorra sin esfuerzo, el Controlador organiza sin que nadie se lo pida) y lo difícil suele estar en tensión con ella (al Acumulador le cuesta soltar, al Controlador le cuesta delegar). La meta se quiebra en el punto de tensión, cuando nos pide algo difícil.

Segundo: ¿En qué momento mi firma se activa con más fuerza? Los momentos del ciclo de una meta son diferentes. El Optimista es más vulnerable cuando la meta va bien y el fondo acumula un monto tentador; el Evitador tambalea en el momento de control y revisión, etc. Identificar el *cuándo* del riesgo es tan importante como identificar el *qué* para estar preparados.

Tercero: ¿qué versión distorsionada de la meta me resultaría más cómoda? El sabotaje suele presentarse como reinterpretación. El Optimista redirige hacia "algo mejor"; el Protector "ayuda por buenas razones". Si podemos anticipar la versión distorsionada, podemos diseñar algo contra ella. El anclaje identitario no resuelve estos problemas todavía, pero los nombra con precisión suficiente como para que las capas siguientes de ARCO puedan actuar. ARCO empieza por reconocer que el principal factor de riesgo está dentro nuestro.

El segundo elemento es el *Realismo operativo*, que tiene por función calibrar si nuestra meta puede sostenerse bajo las condiciones reales en que vivimos. La respuesta nunca es un rápido sí o no, porque la motivación y la capacidad de decidir son variables y por eso necesitamos un *margen de error incorporado* que absorba la inestabilidad sin romper la continuidad. A veces un solo mes de incumplimiento genera un costo psicológico desproporcionado respecto a su impacto financiero real, porque se convierte en la prueba de que no podemos. Si tenemos margen de error, no nos damos por vencidos tan rápido.

El margen de error opera con tres parámetros concretos. Primero, un *rango operativo* que establece un piso y un techo. El piso es lo mínimo que podemos sostener incluso en un mes terrible sin quebrar la meta; el techo es lo máximo que podemos aportar en un mes excepcional sin crear caos en nuestra vida. Segundo, la *regla de ajuste automático,* según la cual el monto varía sin requerir deliberación. Por ejemplo, si los ingresos caen más de un porcentaje definido respecto al promedio de tres meses, el aporte baja al piso. Si superan el promedio en un porcentaje definido, sube al techo. Los porcentajes exactos dependen de cada caso, pero lo que importa es que la regla exista antes de que la necesidad aparezca. Tercero, el *criterio de éxito.* La meta no se mide exclusivamente por la continuidad en el tiempo. Veinticuatro meses seguidos aportando dentro del rango, aunque algunos meses sean en el piso, es un éxito rotundo.

Doce meses en el techo seguidos de doce meses de abandono es un fracaso, por más que el monto acumulado sea igual o mayor. Ana puede reformular con esta lógica: "Voy a ahorrar entre $400 y $600 mensuales mediante transferencia automática el día 7 de cada mes, después de confirmar que los pagos fijos se ejecutaron. Si mis ingresos en un mes caen más del 20% respecto al promedio de tres meses, bajo el piso a $300 ese mes. Si me va muy bien y mis ingresos superan el promedio en más del 30%, subo el techo sube a $750. Mi objetivo es mantener continuidad por 24 meses".

El tercer elemento es el *contra-sabotaje estructural*, que es el escudo de nuestras metas. El anclaje identitario diagnosticó cuál es el patrón que amenaza la meta. El realismo operativo calibró márgenes para que la meta no se quiebre ante la variabilidad real. ?Y si el sesgo dominante se activa? Supongamos que Ana tuvo otra semana terrible. Esta vez un cliente le pidió tres rondas de cambios que no estaban en el presupuesto, otro le canceló un proyecto y el lavarropas se volvió a romper. Está agotada. De golpe le aparece en el celular la propaganda de una cartera del color que le gusta. Es cara, pero la mano se le va al click. WOOP dice "si estoy por gastar por cansancio, espero 10 minutos", pero esperar esos 10 minutos le exige exactamente el recurso cognitivo que en ese momento tiene más agotado.

El contra-sabotaje estructural introduce una lógica que rediseña el entorno para que el obstáculo no tenga donde operar.[22] La elección de las medidas depende de tres parámetros. Primero, la *naturaleza del riesgo*. ¿El sesgo opera por acción o por omisión? Los riesgos por acción, como gastar, desviar fondos o sobreinvertir, requieren medidas que *introducen fricción*, es decir, que interponen demoras o costos entre el impulso y su ejecución. Los riesgos por omisión, como no revisar, en cambio, necesitan *eliminar fricción* automatizando la conducta.

Segundo, la *intensidad del momento de vulnerabilidad*. Los impulsos moderados y recurrentes, como el delivery del viernes, se neutralizan con restricciones permanentes, como límites de liquidez y cuentas sin tarjeta. Los impulsos de alta intensidad, del tipo de la euforia de un mercado alcista o la solicitud de un familiar en crisis, exigen reglas cuantitativas predefinidas no negociables y anteriores al momento de presión, porque cuando la intensidad sube, la capacidad de deliberación baja.

Tercero, el *costo relacional de la medida*. Algunas protecciones operan en soledad (configurar una cuenta, establecer un débito auto-

---

[22] Richard H. Thaler y Cass R. Sunstein, *Nudge: Improving Decisions about Health, Wealth, and Happiness* (New Haven: Yale University Press, 2008).

mático), pero otras involucran a terceros (decir que no a un pedido de ayuda, negociar límites de gasto con una pareja). Las medidas que generan conflicto relacional tienen que reducir la carga emocional de la decisión, ofreciendo respuestas legítimas que bajen la confrontación. No es lo mismo decir "no te presto" que "tengo todo el dinero comprometido en gastos fijos este mes". No es lo mismo negarse en seco a un gasto de pareja que remitir a un acuerdo previo. Una respuesta apela a la voluntad, que puede flaquear justo cuando hay presión, y la otra apela a una regla externa y acordada, que despersonaliza la negativa y la vuelve mucho más fácil de sostener. Convertir un "no" personal en "así funciona mi sistema" saca el conflicto del terreno del afecto y lo lleva al de las reglas, donde duele menos y se sostiene más.

Volvamos a Ana. Como Compensadora, está expuesta a riesgo por acción (gastar), de intensidad moderada pero frecuente y sin costo relacional (la decisión ocurre en soledad, frente a una pantalla). Lo que necesita es, primero, que el dinero del ahorro sea inaccesible para gasto cotidiano, porque el gasto compensatorio pierde fuerza si hay fricción; segundo, el gasto discrecional debe tener un techo predefinido que no dependa de decisiones en tiempo real. Si le queda margen dentro de ese techo, Ana puede comprarse una cartera o pedir delivery sin culpa, pero si el tope se alcanzó, se acabó. El contra-sabotaje define *qué* debe ocurrir.

Si Ana fuera Optimista, el contra-sabotaje sería completamente distinto, porque sus metas estarían amenazadas por inversiones irresistibles. El riesgo por acción, de alta intensidad e infrecuente necesita fricción fuerte, por ejemplo, un plazo fijo que solo se libera en una fecha pactada, junto con reglas no reinterpretables, que es la forma favorita de sabotaje de este perfil. Si Ana fuera Evitadora, el contra-sabotaje se invertiría por completo, porque el riesgo sería por omisión, como un goteo silencioso de postergaciones que se acumulan hasta que la meta muere. Necesitaría, por tanto, un sistema de débito automático con rango predefinido según las reglas del realismo operativo sin intervención manual; cuenta de ahorro sin acceso cotidiano para que la tentación ni siquiera se presente y un mecanismo de alerta pasivo que solo la contacte cuando algo sale del rango aceptable. La meta sobreviviviría porque el sistema avanzaría sin que Ana lo sostenga. Tres firmas, la misma meta, tres diseños de protección completamente distintos.

El cuarto criterio es la *Orquestación sistémica*. Una meta puede estar bien diseñada en sí misma, es decir, bien diagnosticada y con especificaciones de protección, pero mal insertada en el entorno. Si está en un caos donde el calendario de pagos, la estructura de cuentas, el flujo presupuestario y los mecanismos de revisión colisionan, la meta está condenada a muerte. La orquestación de ARCO logra que eso no ocurra. Para esto toma las especificaciones que produjo el contra-sabotaje e implementa cinco medidas.

A través de la *separación funcional* el dinero que cumple funciones distintas se ubica en lugares distintos, porque cuando dos funciones comparten el mismo espacio, la más urgente siempre devora a la más importante. La orquestación resuelve *cómo*, es decir, si conviene una cuenta para operaciones y débitos fijos, una para el fondo de emergencia sin tarjeta asociada, una tarjeta o cuenta de gasto discrecional con límite semanal y eventualmente una cuenta de inversión para cuando el plan general prospere. Todo tiene una dirección asignada antes de que lo toquemos.

Considerando la *secuencia temporal,* cada movimiento financiero toma un lugar en el calendario que no colisiona con otros. Si el ahorro compite en fecha con los débitos fijos, va a perder. La orquestación agrupa todos los pagos fijos, por ejemplo, entre el día 3 y el día 5 del mes, coloca la transferencia automática al fondo de emergencia el día 7, después de confirmar que los débitos se ejecutaron sin incidentes y carga el gasto discrecional semanal los lunes. Cada movimiento ocurre después de que el anterior se completó, eliminando las colisiones.

Aplicando la *jerarquía presupuestaria* determinamos el orden en que se asignan los ingresos apenas entran. Ese orden determina qué sobrevive cuando el mes se pone difícil. Para eso otra vez tenemos que dar vuelta la secuencia habitual. La mayoría de la gente gasta primero y aspira a ahorrar lo que quede al final, pero al final no le queda nada, porque los gastos se tragan todo el ingreso disponible. La jerarquía presupuestaria invierte ese orden y apenas entra el dinero, aparta el ahorro y deja disponible lo demás para el gasto cotidiano. Así, el ahorro es un hecho consumado que ocurrió primero. Volviendo a Ana, la jerarquía presupuestaria es lo que garantiza que no tenga que decidir mes a mes cuánto ahorrar. El ahorro pasa a depender de la estructura, que es mucho más confiable que la disciplina.

La *visibilidad periódica* permite controlar lo necesario, con frecuencia y formato de revisión de acuerdo a cada perfil. Volveremos sobre este tema, pero digamos ahora simplemente que a alguien propenso a la sobrevigilancia le conviene una revisión espaciada y breve, para no alimentar la obsesión, mientras que a alguien que tiende a evitar, una revisión más frecuente muy simple, casi un vistazo, para que la evitación no acumule sorpresas le basta. La revisión existe para detectar a tiempo las pequeñas desviaciones, cuando todavía son fáciles de corregir y antes de que se vuelvan un problema.

El quinto componente es la *continuidad transicional*, que atiende el momento en que una meta se cumple. Cuando alcanzamos el objetivo, el hábito que lo sostenía se queda de golpe sin destino y corre el riesgo de disolverse. Reconstruirlo más tarde, desde cero, cuesta mucho más que haberlo mantenido andando. Por eso la orquestación prevé la transición de antemano. Por ejemplo, la transferencia automática mensual se redirige hacia la cuenta de inversión sin reconfiguración manual. El sistema preserva la continuidad del hábito solo cambiando el destino.

Veamos todo junto en el caso de Ana. El contra-sabotaje especificó que el ahorro debe ser inaccesible y el gasto discrecional debe tener un techo que no dependa de decisiones en tiempo real. La orquestación lo implementa así: el día que entra el ingreso, el sistema lo distribuye automáticamente. Los pagos fijos se ejecutan entre el día 3 y el 5. El día 7, confirmados los débitos, la transferencia al fondo de emergencia se ejecuta automáticamente dentro del rango calibrado por el realismo operativo. Lo que resta se divide entre la reserva operativa del mes y el gasto discrecional, que se carga en una tarjeta con techo semanal. Cada trimestre, una notificación muestra progreso y proyección. Si el aporte promedio cae por debajo del umbral, se activa una alerta. Cuando el fondo se completa, el flujo se redirige a inversión directamente. En esta arquitectura operativa cada componente toma una especificación del contra-sabotaje y le da un lugar, un momento y un mecanismo. La meta deja de ser algo que tenemos que hacer nosotros para convertirse en algo que hace el sistema mientras nos ocupamos del resto de nuestros asuntos.

¿Qué logramos con esto? Una meta sólida en el Método INVERSO satisface seis criterios simultáneamente. Tiene la *claridad formal* de SMART, la *anticipación de fricción* de WOOP y la *automatización conductual* de la implementación por intenciones, pero ARCO agrega además la *coherencia identitaria* (A), que diagnostica qué sesgo dominante amenaza la meta; la *sostenibilidad en el tiempo* (R), que calibra márgenes para condiciones reales; el *contra-sabotaje estructural* (C), que especifica qué condiciones debe cumplir el entorno para neutralizar el sesgo, y la *orquestación* (O), que implementa esas condiciones en una arquitectura financiera sustentable. Las primeras tres son necesarias pero insuficientes. Las segundas tres transforman una meta formalmente correcta en una meta exitosa.

*

Definir un norte introduce dirección. ¿Cómo hacemos ahora para que nuestras acciones se alineen con ella? Podemos saber qué queremos lograr y aun así seguir perdidos, porque nos falta información sobre lo que realmente ocurre. Las decisiones cotidianas y el diseño de metas se dan en un sistema que rara vez vemos completo. Ingresos, gastos, compromisos asumidos hace años y pequeñas fugas se acumulan sin que entendamos bien cómo se mueven. Si es así, no hay manera de que el diseño de metas le calce bien a nuestra realidad concreta. Para que el norte pueda guiar las decisiones, primero tiene que encontrarse con las cosas tal como son y no como las imaginamos. Para eso el método exige volver visible la estructura financiera que nos rodea.

V

Visibilidad

Cuando no miramos bien, nuestra vida financiera se porta como un gato maltrazado que vaga de noche por los tejados. A menudo desaparece dejando rastros confusos y reaparece a fin de mes con una oreja cortada y una historia difícil de entender. ¿Cuántas veces le escapamos a una contabilidad precisa y repetimos que gastamos poco, para terminar rogando que el mes que viene sea mejor sin la menor idea de cómo llegamos ahí? Esa forma de autoindulgencia se paga cara. En el Método INVERSO la Visibilidad es una pieza central, pero no vamos a cometer el error de correr hacia las planillas de gastos. Pongamos la cuestión patas arriba otra vez y notemos que lo que importa no es cuánto gastamos sino cómo vivimos. Vamos a mirar primero, entonces, cómo nos ganamos la vida y luego qué podemos hacer con eso.

1. La arquitectura de los ingresos

El trabajo es mucho más que un modo de conseguir dinero. Regula nuestros días, nos da un lugar en la comunidad, además de ordenar muchos de nuestros propósitos personales. Tirar de este hilo lleva lejos, hacia el mundo de la vocación, la familia y el lugar de cada uno en la sociedad. Cuando hay una alineación razonable entre lo que hacemos y lo que nos gusta, así como entre el esfuerzo que hacemos y la recompensa que obtenemos, una parte importante de nuestra vida está en equilibrio. Al contrario, cuando esa alineación falta, ningún presupuesto resuelve el problema de fondo.

Por eso el método INVERSO nos pregunta qué tipo de vida queremos vivir y qué arquitectura de ingresos puede sostenerla. La respuesta no es universal, porque no hay una forma de trabajar que sea la mejor para todos. Insistir en esa fórmula idea suele terminar mal, con el descubrimiento tardío de que algo no encaja. Podemos dedicar años a un trabajo que da buen dinero a cambio de tiempo que necesitábamos para algo que queríamos más, asegurándonos estabilidad a costa de hacernos infelices. Mirar con claridad la propia fuente de ingresos es la forma de determinar si el modo en que ganamos dinero sostiene la vida que queremos o la sabotea.

Hay tres modos básicos de relacionarse con el trabajo y cada una pide una arquitectura de ingresos ditinta. Para algunos el trabajo es un *medio* para financiar otra cosa. Criar hijos, cultivar hobbies, viajar, descansar o lo que sea. Quien vive así necesita ingresos predecibles y poca volatilidad, ya que busca una frontera clara entre trabajo y vida privada. Tiene pocas expectativas de crecimiento, porque prefiere el mínimo esfuerzo laboral que produzca lo que necesita para vivir como quiere. El empleado estable con horario fijo que cobra lo justo y vuelca su tiempo libre en sus hijos es el ejemplo típico. No tiene nada de resignación. Simplemente eligió dónde poner el centro de gravedad de su vida.

Para otros, el trabajo es parte central de la *identidad*. En estos casos prima la vocación y mientras la tarea apunte a lo que importa y produzca ingresos suficientes, se vivencia como bueno, aunque pague menos que otras actividades. Este camino suele implicar un horizonte largo de ganancia modesta a cambio de construir algo valioso, además de una tolerancia alta a los meses irregulares, porque el sentido pesa más que el sueldo. El investigador que prefiere una beca limitada en un proyecto que lo apasiona antes que un trabajo administrativo que paga el doble encarna este perfil.[23] "Sigamos nuestra pasión" suena muy romántico, aunque a veces resulta un consejo tramposo. Muchas veces la pasión llega después de volverse bueno en algo y no antes, y aquellos que parecen navegar en las mieles de la vocación pueden aburrirse o frustrarse más que aquel que comienza solo por el sueldo y encuentra una veta creativa que lo hace sentir pleno.

Para otros, finalmente, el trabajo es una *inversión a futuro* vinculada con la acumulación de habilidades, contactos, reputación o capital que multipliquen las opciones. Esto implica un sacrificio presente deliberado, ganando menos hoy apostando a ganar más adelante, como el junior que acepta un salario menor en una *startup* donde aprende diez veces más rápido que en una corporación.[24]

Estos tres modelos están conectados. Una misma persona se mueve entre ellos según momento de su vida. Puede estar en transición o combinar elementos de varios a la vez. Lo que no puede, sin pagarlo caro, es operar con la lógica de uno mientras construye arquitectura de otro. Por ejemplo, buscar estabilidad y tiempo libre mientras armamos una estructura que exige volatilidad e inversión masiva de horas tarde o temprano va a estallar. El desajuste suele venir de una elección desprolija. Aceptamos y sostenemos trabajos sin preguntarnos si sostienen el tipo de vida que queremos, abrazamos una vocación sin calcular si se paga sola o invertimos en un futuro dado sin fijar plazos ni criterios de éxito. Ver en cuál estamos parados y si la arquitectura es consistente es la primera labor de visibilidad sobre el ingreso.

Una vez que hicimos esto, conviene examinar la fuente a través de cinco lentes que calibran el foco.

---

[23] Sobre los dos primeros arquetipos, véase Wrzesniewski, A., McCauley, C., Rozin, P., & Schwartz, B. (1997). Jobs, careers, and callings: People's relations to their work. *Journal of Research in Personality, 31*(1), 21–33.

[24] Taleb, N. N. (2012). *Antifragile: Things That Gain from Disorder.* Random House y Newport, C. (2012). *So Good They Can't Ignore You: Why Skills Trump Passion in the Quest for Work You Love.* Grand Central Publishing.

La primera es la *sustituibilidad.* ¿Cuánto de lo que hacemos podría hacerlo una máquina? ¿En qué plazo?[25] Hasta no hace tanto el ingreso era una variable relativamente estable que seguía una línea recta, donde a más educación seguían más trabajo, más salario y más progreso. Esa secuencia se rompió. La digitalización desacopló el trabajo del lugar físico y la inteligencia artificial está haciendo lo mismo con el trabajo y las habilidades, alterando la relación entre valor y esfuerzo frenéticamente rápido. Al ritmo que vamos, la ventana se mide en trimestres. Expertise que venía protegida por años de formación tambalea y arrastra consigo el trabajo complejo "rutinizable". Los análisis más recientes sobre el impacto de los grandes modelos de lenguaje muestran que la frontera ya no avanza solo sobre el trabajo manual rutinario, sino sobre el trabajo intelectual calificado que se creía blindado.[26] La programación junior, que hace dos años parecía una carrera segura, está colapsando, dado que un senior con un IA hace el trabajo de cinco principiantes. No faltan quienes anuncian que el futuro es del plomero, el electricista o técnico de redes. Alguien tiene que tirar cables, enfriar racks y reparar el mundo físico que hace posible el digital, al menos hasta que lleguen los robots.

En realidad, la narrativa catastrofista es bastante inútil. La automatización no avanza pareja. Llega antes a unos sectores que a otros, depende de la geografía y del tamaño de las empresas, choca con costos de integración que casi nadie calcula y subestima la emergencia de nuevas tareas, como ocurrió en cada revolución tecnológica. Cada límite de la máquina es un área de oportunidad que no existía.

La visibilidad requiere que nos preguntemos qué estamos haciendo hoy para que cuando llegue no nos encuentre paralizados, si usamos IA para defender nuestro valor o vamos a ser desplazados por quien sí lo hace. La respuesta cambia según el tipo de trabajo.

---

25 Frey, C. B., & Osborne, M. The future of employment: How susceptible are jobs to computerisation? *Technological Forecasting and Social Change*, *114*, 2017, 254–280.

26 Eloundou, T., Manning, S., Mishkin, P., & Rock, D. GPTs are GPTs: An early look at the labor market impact potential of large language models. 2023. *arXiv preprint arXiv:2303.10130.*

Si usamos el trabajo como medio, la alta sustituibilidad amenaza de lleno nuestra prioridad de estabilidad. Si la vocación está en luego, es posible, pero no seguro, que la merma de tareas rutinarias sea una oportunidad para liberarse de burocracia. Si apuntamos al futuro con habilidades en zona sustituible, nuestra inversión es dudosa y deberíamos redirigir esfuerzos. En cualquier caso, ignorar el cambio o apostar únicamente a formaciones largas y genéricas es una mala opción. Siempre es preferible anticiparse y ajustar la estrategia a tiempo.

La segunda lente es la *concentración de nuestra fuente de ingresos.* ¿Cuánto dependemos de un solo lugar? ¿Qué pasa si desaparece mañana?[27] Un empleado público estable tiene concentración completa pero arquitectura sólida. Un freelance anclado en un cliente volátil tiene un problema serio, aunque la concentración sea similar. La concentración moderada es inevitable entre trabajadores que requieren empleadores específicos, como hospitales o universidades, pero el trabajo podría ser transferible a otros sectores. Para quien construye futuro, atarse a una sola fuente de ingresos es directamente contraproducente, porque las condiciones fijas no forman opciones reales que es lo que se busca acumular.

La tercera lente es la *elasticidad*, que nos dice si podemos ganar más sin vender más horas.[28] Si buscamos tiempo libre, el techo de horas fijas es una condición elegida. Si nos mueve la vocación, la elasticidad importa solo si la falta de recursos bloquea la tarea misma, como en el caso del investigador que no avanza porque depende de un salario fijo insuficiente. Si buscamos opcionalidad, un ingreso que solo crece sumando horas es una trampa. La baja elasticidad no es escalable y todo intento de mejora muere asfixiado contra el límite rígido del día, que tiene las horas que tiene.

En cuarto lugar, debemos considerar la *actualización de valor.* ¿Hay relación entre lo que el mercado paga y lo que nosotros co-

[27] Barrett, C. B., Reardon, T., & Webb, P. Nonfarm income diversification and household livelihood strategies in rural Africa: Concepts, dynamics, and policy implications. *Food Policy*, *26*(4), 2001. 315–331.
[28] Taleb, N. *The Black Swan: The Impact of the Highly Improbable.* Random House. 2007, Cap. 3.

bramos?[29] Durante las últimas décadas, la productividad y los salarios, que durante mucho tiempo crecieron juntos, se divorciaron y buena parte de lo que el trabajo produce dejó de reflejarse en lo que el trabajador recibe. Si tomamos el trabajo como medio, basta con que sostenga nuestro poder adquisitivo. La vocación tolera cobrar por debajo del promedio, porque parte de la recompensa no es monetaria, aunque hay un punto en que ganar muy por debajo de la media del mercado vuelve insostenible incuso lo que se ama. Si nuestra prioridad está en el futuro, un ingreso bajo puede ser un peaje aceptable, siempre que tenga fecha de vencimineto y no se transforme en una postergación eterna disfrazada de estrategia.

La quinta lente nos revela el *margen de posibilidades*. ¿Cuántas puertas podríamos abrir que hoy no estamos abriendo?[30] La cantidad apropiada depende de nuestro estilo de vida deseado. Si buscamos estabilidad, mil opciones geográficas o profesionales son ruido cognitivo que genera ansiedad sin sumar nada. Al final siempre parece que estamos en el lugar equivocado. Pero el crecimiento profesional sí necesita que las puertas se multipliquen con los años. Si después de un tiempo no crecen las alternativas disponibles, la estrategia falló.

Cuando estas cinco lentes revelan que la fuente está desalineada con la vida que queremos, no tiene sentido seguir optimizando gastos ni calibrando presupuestos. Hay que intervenir en el origen, que a veces significa renegociar condiciones, otras veces diversificar ingresos y a veces, lisa y llanamente, cambiar de trabajo. Obviamente no siempre es posible de inmediato, pero verlo es el primer paso para dejar de confundir un problema de arquitectura vital con uno de planilla. Si encontramos alineación razonable, podemos pasar al siguiente nivel de visibilidad con la tranquilidad de

---

[29] Bivens, J., & Mishel, L. Understanding the historic divergence between productivity and a typical worker's pay. *Economic Policy Institute Briefing Paper, 406.* 2015.

[30] Taleb, N. *Antifragile: Things That Gain from Disorder.* Random House. 2012.

que no estamos acomodando las sillas mientras ignoramos al elefante en la sala.

2. LA VISIBILIDAD DE LOS GASTOS

Nuestras abuelas no tenían aplicaciones, ni subcuentas, ni gráficos de colores para ordenar la vida financiera, pero contaban con dispositivos de visibilidad increíblemente eficaces. Nos referimos al frasco de mermelada para el ahorro y el sobre de tela para el alquiler, sin olvidarnos de la libreta con números torcidos escrita a lápiz. Veían cómo se iba el dinero, cómo volvía y era clarísimo cuando se iba acabando y cuando no había más. Ver el frasco vaciándose ordenaba el comportamiento.

Ahora tenemos herramientas más sofisticadas, enraizadas en una economía invisible de pagos automáticos y cuotas que se diluyen en el tiempo. Tiene sus ventajas, pero es más fácil terminar manejando a toda velocidad un auto con vidrios empañados. Necesitamos la lucidez de los sistemas antiguos con las herramientas del siglo XXI. Vamos a ajustar, por eso, nuestros dispositivos de visibilidad.

Curiosamente, tenemos que alejarnos a paso firme de las recomendaciones de registro obsesivo que prometen que si no omitimos nada va a nacer la magia. Al final, solo nos agotamos anotando sin paz síntomas que no nos llevan a ningún lado. Si nuestro auto con vidrios empañados va como un bólido en la ruta de montaña, anotar las cifras que aparecen en el velocímetro es una idiotez. Primero hay que ver qué pasa afuera y solo después la velocidad precisa puede ser de alguna ayuda. Prendamos el desempañador.

Miremos primero un aspecto crítico. Gastamos mayormente en respuesta a *decisiones estructurales previas* que producen a su vez cascadas de gastos. Alquilamos en cierto barrio porque el precio parecía razonable, pero después gastamos en transporte, en *delivery* porque llegamos cansados y en salud deteriorada por sedentarismo, porque resulta que por ahí no hay zonas de paseo. La mera lista los registra como gastos aislados y los gurúes nos repiten que somos culpables de nuestros malos hábitos. Esto es miopía, es decir, precisamente, un error de visibilidad. Si miramos mejor, vemos que esos gastos nacen de la decisión que tomamos sobre dónde vivir.

Estas decisiones estructurales, que incluyen también dónde trabajamos, bajo qué términos, qué infraestructura doméstica tenemos, con quién nos relacionamos o cuánta energía media manejamos, determinan el gasto total antes de cualquier decisión sobre gastos. La disciplina diaria no les hace mella, porque cambiarlas requiere intervenciones grandes. Mientras tanto podemos ajustar márgenes, siempre que sepamos con qué lidiamos. Para lograr visibilidad sobre esta dimensión del gasto necesitamos hacernos periódicamente tres preguntas.

¿Qué decisiones estructurales nos generan las mayores cascadas de gasto? Miramos los cinco gastos recurrentes más significativos y rastreamos cada uno hacia atrás hasta la decisión original que lo hace inevitable. Por ejemplo, la lavandería tercerizada viene de no haber invertido en un lavarropas y el gasto en salidas caras viene de nuestra red social. Yendo del síntoma a la causa no perdemos tiempo tratando de modificar conductas que exceden el hábito.

¿Queremos mantener esas decisiones? Si la respuesta es sí, aceptemos el costo sin culpa y sin queja. Tal vez vivir lejos nos mantiene cerca de familia y esa es una decisión consciente y coherente. Si queremos cambiarlas, la intervención tiene que apuntar a la decisión estructural y solo entonces va a desaparecer la cascada.

Si queremos cambiar, entretanto, ¿qué aspecto de ese cambio es más viable? Al identificar qué aspecto eliminaría más gasto con menor esfuerzo, podemos concentrar energía en lugar de dispersarnos intentando disciplinar muchos gastos simultáneamente.

Recién en este punto, cuando sabemos dónde estamos parados, llegamos al punto donde tienen sentido los registros.

Cuando miramos debajo de las decisiones estructurales hacia el flujo cotidiano de compras del día, salidas y todo tipo de consumos que van armando el mes, notamos que no todos cumplen la misma función, por eso cuando los mezclamos en una sola masa, todo se vuelve opaco. Estamos de nuevo copiando las cifras del velocímetro. Al contrario, cuando dejamos que los gastos se manifiesten sin aplastarlos en una sola categoría, aparecen organizados en tres zonas:

La zona de *control* incluye todo lo que sostiene la estructura de nuestra vida tal concreta actual, es decir, vivienda, servicios, alimentación básica, transporte y obligaciones impostergables. Es el piso que mantiene todo en pie.

La de *vida* contiene lo que necesitamos más allá de la subsistencia para hacer habitable el presente. Disfrute, descanso y también algunos desbordes entran aquí.

La de *futuro* refiere a eso que todavía no existe pero estamos construyendo a través del ahorro, la inversión, los proyectos a los que apostamos y el colchón de seguridad que nos protege.

Esta distinción básica permite ver rápidamente qué función está cumpliendo cada gasto y, sobre todo, como veremos, dónde se está desordenando el sistema. Esta multiplicidad de gastos requiere ordenar la información sobre movimientos y tendencias para no depender de la disciplina o la memoria. Para que esto sirva no puede ser un mero registro, sino un mapa de visibilidad que nos muestre la eficacia del método de asignación que hayamos elegido. ¿Pero cómo se elige?

3. PRESUPUESTO: EL SISTEMA OPERATIVO DE LA VIDA FINANCIERA

El mapa de visibilidad que acabamos de mencionar es lo que usualmente se llama *presupuesto.* El nombre suena adusto, pero se trata de una herramienta diseñada para tomar decisiones que nuestro yo futuro nos a agradecer.

Los presupuestos se suelen expresar en porcentajes por buenas razones surgidas de una respuesta histórica a un problema concreto. El dinero cambia de magnitud todo el tiempo, mientras la vida mantiene proporciones. Pensar el presupuesto en porcentajes permite capturar esa constancia relativa sin quedar atrapados en números rígidos que envejecen mal. La idea nació en la contabilidad doméstica y en la administración pública.

A comienzos del siglo XX, cuando los salarios industriales empezaron a regularizarse y las familias urbanas tuvieron ingresos monetarios relativamente estables, los primeros estudios de economía familiar en Estados Unidos y Europa observaron que las familias organizaban su gasto en proporciones implícitas.[31] En lugar de decir "gasto tanto", preferían plantear que algo "es demasiado para nosotros" o "se nos va de margen". Con el tiempo, esa intuición se formalizó en esquemas proporcionales que permitían ajustar sin rehacer todo cada mes.

Más adelante, la macroeconomía y la planificación empresarial reforzaron esta lógica. Los presupuestos corporativos y hasta los sistemas fiscales trabajan igual porque es una forma de ver la estructura. Eso signigica que cuando llevamos esa lógica a la vida personal la tratamos con el criterio que se usa cuando las decisiones importan.

Cuando se habla de modelos como 50/30/20 o 60/20/20, cada cifra refleja los tres tipos de gastos que hemos visto: control, vida y futuro. En cada uno se organiza el dinero de una manera particular priorizando una tensión específica de acuerdo con nuestras metas y nuestros ingresos. Algunos ayudan a sostener el equilibrio, otros nos protegen de la volatilidad, los hay diseñados para acelerar cambios y también para evitar el colapso. No existe un único modelo correcto en abstracto, ya que en distintos momentos vitales podemos necesitar modelos diferentes..

Supongamos que estamos en un momento de estabilidad. El modelo *50/30/20* puede funcionar bien si tenemos ingresos y gastos estables. Lo popularizó en los años 2000 la senadora y académica Elizabeth Warren, mucho antes de ser conocida por la polí-

---

[31] Engel, E. "Die Produktions- und Consumtionsverhältnisse des Königreichs Sachsen". *Zeitschrift des Statistischen Bureaus des Königlich Sächsischen Ministeriums des Innern, 3*, 1857, 1–54 y Le Play, F. *Les ouvriers européens: Études sur les travaux, la vie domestique et la condition morale des populations ouvrières de l'Europe.* 1855. Imprimerie Impériale.

tica, como una forma de traducir en reglas cotidianas algo que la economía doméstica ya sabía.[32] Asigna aproximadamente la mitad a necesidades básicas, reserva un espacio explícito del 30% para el estilo de vida y garantiza un 20% fijo para el ahorro. Suele ser sostenible y es un modelo pensado para durar y acompañar la vida real sin generar fricción constante. Su límite aparece cuando se busca un salto rápido o una transformación estructural. En esos casos, el equilibrio que lo hace habitable también lo vuelve lento.

Pensemos en una situación de ingresos variables. En este caso el esquema *60/20/20* suele adaptarse mejor y por eso es el preferido de muchos freelancers. Obliga a no gastar en los meses buenos como si fueran permanentes reservando el excedente para épocas de vacas flacas. A primera vista parece más dispendioso porque asigna más a necesidades, pero se trata de una estrategia defensiva. En ingresos variables, muchas cosas que en un esquema estable serían "estilo de vida" pasan a ser vividas como necesarias, por ejemplo, un alquiler más alto para no mudarse seguido, servicios redundantes, herramientas de trabajo y colchones operativos. Compramos estabilidad porque cuando la vida es irregular, sostener lo básico cuesta más.

¿Y si estamos comprometidos en un gran cambio? Tal vez deberíamos pensar en el modelo *40/30/30*, que sirve para ir más allá del equilibrio, acelerando la acumulación, porque destina una proporción inusualmente alta al ahorro y la inversión como apuesta estratégica. Históricamente se usa también en economías con alta volatilidad, donde esperar "mejores condiciones" suele ser una forma elegante de no avanzar nunca. Exige más disciplina y una tolerancia mayor al corto plazo ajustado, pero convierte la transformación en una prioridad presupuestaria tangible. Es duro para toda la vida, pero ideal para una etapa de crecimiento.

También puede suceder que estemos en abierta emergencia. En esos casos podemos echar mano del esquema *70/20/10*. Se extendió en los '80 y '90, cuando el crédito al consumo se masificó y con él los ciclos de sobreendeudamiento doméstico. Es un plan

---

32 Warren, E., & Tyagi, A. W. *All Your Worth: The Ultimate Lifetime Money Plan*. Free Press. 2005.

para momentos de crisis, con endeudamiento desbordado, pérdida de ingresos, separaciones, enfermedades o mudanzas forzadas. En rigor, funciona como un yeso financiero que limita el movimiento. Incomoda y es feo, pero mantiene todo en su lugar mientras llega la recomposición. Sin embargo, cuando se extiende más allá de un plazo corto, deja de ser terapéutico y empieza a funcionar como anestesia.

Así descriptos, estos modelos de presupuesto parecen herramientas técnicas que elegimos racionalmente. Sin embargo, detrás de cada modelo esta nuestra firma financiera, que tiende a gravitar hacia el esquema que confirma su sesgo dominante, no hacia el que mejor nos protege. Por eso al elegir un modelo hay que considerar las metas y el momento vital, pero mirando hacia cuál nos empuja nuestra firma, para asegurarnos que no sea ella la que domina la elección.

El Acumulador, gobernado por una aversión a la pérdida y sin distinguir bien entre peligro real y temor infundado, tiende a vivir siempre en emergencia. Aunque no haya crisis objetiva, su organización cotidiana se parece a un 70/20/10 silencioso donde las "necesidades" crecen hasta absorber cualquier margen y el ahorro funciona como muralla defensiva. La sensación de control tranquiliza, pero al costo de una vida estrecha. Debería siempre contemplar un esquema habitable, 50/30/20 o 60/20/20, que conserve el ahorro desactivando la vigilancia y le permita gastar sin sentir que está traicionando algo esencial.

En el extremo opuesto aparece el Compensador, afectado por el sesgo de presente. En el papel suele adherir a presupuestos equilibrados, incluso exigentes, pero en la práctica el esquema se le desarma cuando aparece el cansancio o la necesidad de recompensa. En ese momento la parte destinada al estilo de vida se expande y el resto se agosta. La solución en este caso no pasa por un presupuesto restrictivo, sino por mecanismos de automatización, como vimos en ARCO. Un 60/20/20 bien implementado puede calzarle mejor que cualquier promesa de autocontrol, transformando el impulso en una variable contenida.

El Evitador no tiende a ningún modelo porque no quiere escuchar de presupuestos. El sesgo de presente opera de manera pasiva como postergación crónica, de modo que vive con un presupuesto residual hecho de pagos urgentes y decisiones aplazadas. Para este perfil, cualquier esquema complejo está condenado al abandono. Le puede funcionar, en cambio, un modelo simple, casi invisible, con pocas categorías y automatismos fuertes. Un 60/20/20 con mínima revisión o incluso un 50/30/20 muy reducido en fricción puede devolverle previsibilidad sin angustiarlo.

El Controlador suele sentirse atraído por modelos exigentes, como el 40/30/30, por la ilusión de que, si todo está bien asignado y vigilado, nada malo ocurrirá. La aversión a la pérdida se combina con la ilusión de control y vive cada desvío como un error personal. El ajuste pasa por confiar más en el sistema que en la supervisión constante. Viene bien que recuerde que un esquema algo menos agresivo pero más sostenible suele producir mejores resultados a largo plazo que una arquitectura impecable que lo agota.

El Optimista, dominado por la convicción íntima de que el futuro será más ordenado y absorberá los excesos del presente, tiende a elegir presupuestos aspiracionales, suponiendo ingresos que todavía no existen o proyectando picos que no son permanentes. Los esquemas que introducen freno automático, como el 60/20/20, resultan especialmente útiles en este caso, porque transforman el optimismo en reserva sin apagar el impulso creativo que lo caracteriza.

El Protector, finalmente, suele habitar presupuestos de emergencia sin reconocer que lo son. Los fondos para estilo de vida o ahorro quedan absorbidos por ayudas y compromisos afectivos que se presentan como inevitables. La falacia del costo hundido lo lleva a seguir poniendo recursos porque ya puso demasiado en construir su imagen pródiga. El presupuesto se organiza alrededor de otros y por eso resulta frágil, sea el modelo que sea. Las fronteras explícitas, para que el cuidado no colonice toda su arquitectura, son prioritarias.

Con buena visibilidad sobre ingresos, gastos y el modelo de presupuesto más adecuado a nuestra situación positivamente alineado con nuestra firma financiera, ahora hay que construir el presupuesto, a la manera de inteligencia aplicada a nuestra propia vida.

4. Construir el presupuesto

Los presupuestos tienen muchas fisonomías, pero todos comparten los mismos cuatro movimientos. El primero mira, el segundo decide, el tercero implementa y el cuarto corrige. Cada uno necesita al anterior para funcionar y saltarse uno es la causa más frecuente de fracaso.

Primer movimiento: el diagnóstico. Ante todo, necesitamos saber cuánto cuesta ser nosotros. Esa versión real aparece cuando miramos tres meses de extractos bancarios o registros de gastos sin editar la historia.

Este diagnóstico tiene dos capas. La primera es la *estructura.* Incluye vivienda, servicios, alimentación básica, salud, transporte, educación, todas las obligaciones que no dependen de nuestro humor ni de nuestro nivel de motivación. Esos gastos siguen existiendo aunque nos quedemos en la cama una semana entera. Hay gente que cree gastar poco porque no registra las cuotas que se debitan solas, los seguros que nadie revisa y las suscripciones que sobrevivieron a la curiosidad que las creó. Otros piensan que gastan mucho porque suman todo junto sin distinguir entre lo que eligen y lo que simplemente ocurre. El promedio mensual, ni el mejor mes ni el peor, es el número que dice la verdad. Plataformas como YNAB, Monarch Money o Fintonic permiten importar movimientos y categorizar transacciones automáticamente. Incluso un Google Sheets conectado a datos bancarios puede hacerlo con precisión razonable. Una IA bien utilizada detecta suscripciones olvidadas, pagos duplicados y estacionalidades ocultas que el ojo humano tarda meses en encontrar. En realidad, la herramienta es secundaria si llegamos a un número claro.

La segunda capa es más delicada, porque exige mirar *la vida que elegimos cuando tenemos margen.* Aquí entran las salidas, los gustos, los consumos culturales, los viajes, los pequeños lujos y, sobre todo, esos gastos que aparecen cuando estamos tensos o buscando alivio. Esta capa pide honestidad para distinguir lo que nos da bienestar sostenido de lo que funciona como anestesia momentánea.¿Este gasto lo volveríamos a elegir si fuera menos frecuente? Si la respuesta es sí, es parte de la vida elegida y merece su lugar en el presupuesto sin culpa. Si la respuesta es "depende de cómo estuve esa semana", es un gasto emocional que necesita ser reconocido como tal, porque la forma de gestionarlo es distinta. Ahora bien, recordemos que cada firma distorsiona lo que ve. Si mira bien, el Compensador va a encontrar en esta capa más gastos emocionales que funcionales; el Acumulador va a descubrir que su "vida elegida" es sospechosamente austera por puro miedo y lo mismo con el resto. Saberlo antes de mirar nos da ventaja y lucidez para distinguir el diagnóstico del autoengaño.

De la resta entre lo que entra y lo que cuestan ambas capas surge *el margen real.* No es "lo que sobra", esa expresión que ya lleva incorporada la resignación de que no va a quedar nada. El margen real es nuestro espacio de maniobra para ahorrar, amortiguar imprevistos y construir futuro. Mucha gente vive años sin conocer este número y, sin embargo, toma decisiones financieras complejas a ciegas, como alguien que maneja de noche sin luces confiando en que el camino será recto. A veces lo es. Muchas veces no. también puede pasarnos que el diagnóstico revele que no hay margen. Es un momento duro, pero es mejor saberlo cuando antes, en lugar de seguir financiando la ficción con deuda o con mera esperanza. Ese conocimiento permite intervenir sobre la arquitectura. o revisar la vida elegida. En cualquier caso, el diagnóstico cumplió su función de hacer visible lo que estaba operando en la oscuridad.

Segundo movimiento: el diseño. Con el margen sobre la mesa y las metas que ya definimos en N, ahora hay que decidir qué modelo de distribución va a sostenerlas. Los métodos convencionales separan los pasos, primero las metas, después el modelo, como si fueran independientes, pero es un error. Volvamos a Ana. Su margen real, después del diagnóstico, es de 800 mensuales. Su meta prioritaria es el fondo de emergencia de 12.000 en 24 meses, que necesita entre 400 y 600 por mes según el rango que calibró el realismo operativo. Eso le deja entre 200 y 400 para las otras dos metas y para cualquier imprevisto que no entre en la categoría de emergencia. Con ese margen, un 40/30/30 es matemáticamente posible pero psicológicamente inviable, porque le exigiría comprimir su vida elegida hasta un punto que, siendo Compensadora, va a reventar en el primer mes difícil. Un 50/30/20, en cambio, le da espacio para vivir sin culpa y canalizar el 20% de futuro casi entero hacia el fondo, con un remanente mínimo para una segunda meta de mediano plazo. El mecanismo es crucial, porque Ana necesita que el ahorro salga primero y automáticamente. Si queda para "después de gastar", su firma va a hacer lo que siempre hace. Por tanto, el modelo y la meta se necesitan mutuamente. Todo se decide junto o no funciona.

El modelo más simple suele ser el que mejor funciona, porque la complejidad sabotea el cumplimiento. Cada categoría adicional es una decisión adicional y ya sabemos lo que pasa con las decisiones cuando se acumulan. Si después de tres meses descubrimos que necesitamos más detalle en alguna zona, solo entonces agregamos esa categoría.

Hay una cosa más que conviene explicitar para controlar los efectos negativos del inevitable *trade-off* entre usos posibles del dinero. Lo que gastamos en una cosa desaparece y no se puede usar en otra. Explicitar el intercambio que funda el diseño, escribiéndolo, por ejemplo, junto a una meta del año como reconocimiento de límites, reduce frustración y elimina la sensación difusa de estar "fallando" cuando en realidad estamos eligiendo. "No me alcanza para viajar" difiere de "este año elegí priorizar el fondo de emergencia y postergué el viaje."

Tercer movimiento: la implementación. El presupuesto diseñado tiene que bajar a tierra y para eso toma la forma de un *tablero.* Ese tablero, que es el lugar donde toda la información converge para que podamos leerla sin esfuerzo, no necesita ser sofisticado, pero sí debe ser siempre consistente. No hace falta montar nada nuevo, porque son las mismas herramientas que ya usamos en el diagnóstico, las que importan y categorizan movimientos de manera automática. Lo que cambia es la función y ese cambio reordena algo que antes dijimos. En el diagnóstico sosteníamos que la herramienta era secundaria con tal de llegar a un número claro, y era cierto, porque se trataba de sacar una foto por única vez y daba lo mismo con qué cámara. En la implementación la herramienta deja de ser secundaria, porque ya no es una foto sino un hábito sostenido en el tiempo, y de su comodidad depende que sigamos usándola. Una herramienta cómoda se alimenta sola; una incómoda se abandona al segundo mes, y un tablero abandonado no da ninguna visibilidad. Lo ideal es la sincronización automática desde el banco o desde una app que agregue cuentas, con categorización que solo revisamos cuando falla, porque cuanto menos esfuerzo manual exija, más probable es que el hábito sobreviva. Registrar a mano cada gasto no es imposible, pero es justamente lo que más gente abandona, así que conviene elegir pensando menos en qué herramienta es más potente y más en cuál vamos a seguir usando dentro de seis meses.

¿Qué consigna el tablero? No puede ser una mera lista de transacciones, por ordenada que esté. Para funcionar tiene que tener categorías asignadas y límites de cada una partiendo de cuatro elementos básicos: el nombre del gasto y su zona (control, vida o futuro), el presupuesto asignado, lo gastado hasta ahora y el saldo restante.

Sobre esa base se pueden sumar tres capas que enriquecen el mapa sin complicarlo. La primera marca el *progreso*, es decir, si ya usamos poco, la mitad o casi todo del presupuesto de esa categoría, algo que las apps automatizadas suelen resolver con barras de color. La segunda, más valiosa y menos frecuente, es una nota breve sobre el *origen emocional del gasto*, cuando corresponde. Esta capa mejora la calidad del registro en transacciones que reconocemos asociadas a estrés o aburrimiento. No cambia el número, pero cambia lo que entendemos de él. No hace falta más. De hecho, cuanto más cargado está el tablero, menos lo usamos.

Toda automatización posible es positiva. Esa automatización es la implementación concreta de todo lo que diseñamos en la Orquestación sistémica de ARCO, como separación funcional de cuentas, calendarios de pagos y jerarquías presupuestarias. Conviene automatizar primero lo que más cuesta hacer manualmente, porque ahí es donde la fricción revela su peso real. Si todos los meses nos cuesta decidir cuánto transferir al ahorro, esa decisión está mal tomada y si todos los meses recalculamos cuánto queda para gastar, el sistema no está haciendo su trabajo. En suma, la implementación es buena si después de configurar todo, lo único que requiere atención consciente es el gasto discrecional, porque todo lo demás ya lo decidimos antes de necesitar decidirlo.

Cuarto movimiento: la revisión. Un presupuesto que no se mira se convierte, sin que nadie lo note, en ficción. El desfase se acumula en silencio, como una cuenta que gotea, hasta que un día el presupuesto y la vida son dos relatos que no se reconocen. La revisión existe para evitar ese divorcio, pero tiene que calibrar bien su propia intensidad. Demasiado control convierte el presupuesto en un jefe insoportable y terminamos dejándolo por agotamiento. Con demasiado poco contacto, el sistema se desactualiza sin que nos demos cuenta, como le pasa al Evitador. La frecuencia justa depende del perfil, pero hay dos rituales que funcionan como estructura mínima para cualquier firma.

El primero es *semanal* y dura cinco minutos. Su único objetivo es tomar el pulso: ¿cuánto queda en la cuenta operativa? ¿El límite principal sigue funcionando? Solo hay que observar, sin juicio ni interpretación. No es el momento de corregir nada.

El segundo es *mensual* y dura unos quince minutos. Primero miramos si la proporción entre control, vida y futuro responde al presupuesto. Detectamos si Control está consumiendo más de lo previsto, si Vida desborda por algún patrón emocional activo que el presupuesto no contemplaba o si Futuro encogió o desapareció. Una desviación aislada no dice nada. Tres meses contando la misma historia justifican revisar el presupuesto. Luego nos concentramos en el grano fino, observando los gastos de Vida y los compromisos de Control que podrían haberse colado por inercia. Dos preguntas alcanzan. ¿Esto es un hábito o un accidente? Si algo aparece semana tras semana, aunque el monto sea pequeño, ya es un patrón que el presupuesto necesita incorporar o neutralizar. ¿Esto responde a una necesidad o a una emoción? Una emoción busca repetición y por tanto no se aborda igual un gasto con una función concreta que uno que nos anestesia. Si es recurrente, como vimos en los contra-sabotajes de N, hay que rediseñar el entorno para que no requiera fortaleza.

Un buen cierre para cada revisión mensual es preguntarnos qué aprendimos sobre nuestra forma de decidir. El foco no se pone en los números, la culpa no aparece y en su lugar logramos conocimiento sobre cómo funcionamos bajo presión. Con el tiempo, estas respuestas se convierten en el tipo de sabiduría práctica que ninguna app puede ofrecer.

*

La visibilidad es lo que permite dejar de adivinar y empezar a decidir. Una vez que el diagnóstico está hecho, el presupuesto diseñado y el tablero funcionando, nos preguntamos qué hacemos con lo que vemos. El margen que identificamos, ese músculo que empezamos a ejercitar, todavía no tiene instrucciones. ¿Cuánto de ese margen se convierte en ahorro? ¿Qué tipo de ahorro? Si hay deudas, ¿se pagan primero o se ahorra en paralelo? ¿Cuándo tiene sentido dar el salto de ahorrar a invertir? Y sobre todo, ¿cómo se hace todo esto sin confundir estrategia con apuesta? Estas cuestiones no se resuelven mirando el tablero sino pensando como estrategas. De eso nos vamos a ocupar en la E.

E

Estrategia

En 1978, Reinhold Messner subió al Everest sin oxígeno suplementario. La comunidad del alpinismo dijo que era imposible. ¿Quién no sabe que por encima de los 8.000 metros el cerebro humano no puede respirar sin ayuda? Messner, sin embargo, diseñó una estrategia que no dependiera de lo que faltaba. Redujo el peso al mínimo, eliminó todo lo que no fuera esencial, eligió una ventana meteorológica precisa y, sobre todo, organizó una aclimatación que a los demás expedicionarios les parecía excesiva. Mientras otros subían rápido cargados de equipo y oxígeno, Messner subió lento y preparado.

El mercado es nuestra montaña. Sin competir con nosotros ni intención propia, se nos planta enfrente enorme y lleno de condiciones que no controlamos. Si nos sobran recursos para pagar el ascenso de equipo pesado, podemos ser de los que miramos a Messner de reojo, pero si no los tenemos, tampoco estamos condenados a ser espectadores. Podemos diseñar nuestra expedición con lo que tenemos, aclimatando en vez de renunciar y asegurando reservas para el descenso, que es donde ocurre la mayoría de los accidentes.

Lo que ya construimos corresponde a las dos fases iniciales de toda expedición seria. En N diseñamos la *ruta y el plan de ascenso*, con los campamentos que queremos alcanzar, bien conscientes de las capacidades que tenemos. Sabemos cuánta altura toleramos y dónde tendemos a cometer errores, tenemos logística y planes de contingencia para el mal tiempo y planes para los tramos peligrosos. En V ajustamos el *reconocimiento del terreno y las líneas de abastecimiento.* El diagnóstico de ingresos y gastos es nuestra cartografía de pendientes y distancias. Ningún alpinista serio sube sin esto, pero todavía estamos en la base sin haber subido ni un metro. Lo que viene ahora, en la E de Estrategia, es el *ascenso propiamente dicho.*

Nuestra estrategia se apoya en tres elementos. El *ahorro* nos da los puntos seguros donde podemos refugiarnos cuando el clima empeora. Sin campamentos base no hay expedición. Nadie quiere llevar la *deuda,* pero es parte a veces indispensable del equipo que cargamos. Solo hay que recordar a Messner y asegurarse que no pese demasiado y nos arrastre hacia abajo. Finalmente, la *inversión* nos empuja a la cumbre. Siempre supone riesgo para alcanzar lo que se veía como silueta lejana pero es nuestro peaje a la meta. Cada uno de estos elementos necesita condiciones, tiempos y tolerancia distintos y por eso hay que conocerlos bien antes de pensar en las herramientas sofisticadas que vamos a cargar en la mochila. Messner no subió al Everest con el mismo equipo que vamos a un trekking de fin de semana, pero tampoco cargó cosas superfluas. De la misma manera, cuentas, fondos, bonos e instrumentos son herramientas para condiciones específicas, elegidas por lo que cada una aporta cuando ya sabemos cómo funciona nuestra estrategia y no porque lo dicta la moda. Organicemos, entonces, la parte fuerte de nuestra expedición.

1. De ahorrista a estratega

"El ahorro es la base de la fortuna" sonaba antaño como un principio casi evidente. En parte lo era. Funcionaba bastante bien en sociedades con salarios relativamente estables y trayectorias laborales previsibles. Ahorrar implicaba postergar consumo presente para construir seguridad futura en un entorno donde el futuro conservaba cierta continuidad con el presente. El problema es que buena parte de esas condiciones desaparecieron.

La primera dificultad es que el ahorro dejó de depender solamente de la voluntad individual. Durante décadas pudo sostenerse la idea de que disciplina y esfuerzo bastaban para construir estabilidad económica. Hoy esa relación es mucho más incierta. Los costos de vivienda, salud y educación crecieron en numerosos lugares más rápido que los salarios, mientras el trabajo se volvió más precario e intermitente. Muchas personas viven demasiado cerca de sus límites. En esas condiciones, convertir el ahorro en una cuestión puramente moral, como si todo dependiera de "ordenarse", resulta simplista y a veces cruel. La capacidad de ahorrar está profundamente condicionada por estructuras económicas que nos exceden.

La segunda dificultad es más profunda todavía. La riqueza contemporánea surge muchas veces menos del ahorro que de la posesión de activos. Durante las últimas décadas, una parte importante del crecimiento patrimonial provino de la apreciación de viviendas, acciones y otros instrumentos financieros. Dos personas igualmente disciplinadas pueden terminar en situaciones completamente distintas según hayan accedido o no a ciertos activos en el momento adecuado. Por ejemplo, quien compró una vivienda antes de una gran suba inmobiliaria puede multiplicar su patrimonio sin haber ahorrado más que otros durante años. Por tanto, el ahorro sigue siendo importante, pero ya no explica por sí solo la acumulación de riqueza. Siempre opera dentro de un sistema más amplio de acceso desigual a oportunidades y patrimonio.

Por su parte, el viejo discurso del ahorro suponía un mundo del trabajo relativamente previsible. Las recomendaciones financieras clásicas, que iban desde cuánto guardar para emergencias hasta qué porcentaje del ingreso reservar, parten de trayectorias laborales estables y riesgos relativamente calculables. En un contexto marcado por crisis recurrentes, cambios tecnológicos acelerados, transformaciones del mercado laboral y niveles crecientes de incertidumbre nos dicen poco, sumado a que no hay fórmulas universales válidas para todos. Para algunas personas, un fondo de emergencia de pocos meses puede ser suficiente; para otras, incluso varios años de ahorro podrían evaporarse rápidamente frente a una enfermedad, una mudanza forzada o la pérdida prolongada de ingresos. El problema no es solo cuánto ahorrar, sino que el propio horizonte de previsibilidad se volvió más frágil.

Nada de esto afecta la relevancia del ahorro. Sigue siendo una herramienta central de autonomía y protección frente a la incertidumbre. Solo hay que abandonar la narrativa simplista que pone todo en la disciplina, porque la realidad económica contemporánea es bastante más compleja.

Parece una tontería aclarar qué es el ahorro, pero arrastramos ideas bastante equivocadas. La imagen de la alcancía activa la división entre dinero gastado y dinero ahorrado, como si toda suma que no sale inmediatamente de la cuenta pasara automáticamente a integrar la segunda categoría. Entre ambas cosas hay una zona mucho más ambigua. Gran parte del dinero que creemos "ahorrado" en realidad ya está comprometido. Cuando apartamos dinero para impuestos, seguros, matrículas, vacaciones reservadas o gastos previsibles de los próximos meses, ese dinero ya tiene destino. Ese *dinero en tránsito* no está disponible para reorganizar nuestra vida ni para absorber incertidumbre. Parece quieto, pero en realidad solo está esperando el momento de irse. El ahorro real empieza recién cuando el dinero deja de estar absorbido por obligaciones inmediatas y asume la función de sostener estabilidad y amortiguar golpes, ampliando nuestro margen de acción futuro.

Mucha gente sobreestima su estabilidad porque ven saldo positivo y sienten alivio, cuando en realidad no tienen ese dinero. Cuando una enfermedad, una reparación importante, una caída de ingresos o simplemente un período de agotamiento que obliga a bajar el ritmo rompe el calendario, el dinero "ahorrado" desaparece en pocos días porque nunca había salido verdaderamente del circuito del gasto corriente. El ahorro real es *construcción de margen* y nunca simplemente acumulación de saldo.

La mayoría de los problemas financieros graves aparecen cuando vivimos demasiado cerca de nuestros propios límites. Cuando no tenemos margen, un retraso en un pago o un gasto inesperado producen efectos desproporcionados porque todo el sistema personal funciona al borde de saturación. En esas condiciones el dinero se convierte en una fuente permanente de tensión. Por eso el primer objetivo del ahorro es reducir fragilidad. Antes de pensar en patrimonio o crecimiento, necesitamos construir cierta distancia respecto de la emergencia constante como verdadero comienzo de la autonomía.

El presupuesto que construimos en V ya decidió qué parte del ingreso pertenece al futuro. La cuestión estratégica ahora es cómo organizar ese flujo. El error más común consiste en tratar todo el ahorro como si cumpliera la misma función, porque hay distintos tipos de ahorro que administran riesgos distintos y por eso conviene organizarlos en capas.

La primera capa es el *fondo de emergencia*. Su función es proteger la continuidad del sistema, impidiendo que una interrupción relativamente breve destruya el equilibrio entero de nuestras finanzas personales. El fondo de emergencia prioriza disponibilidad y liquidez inmediata antes que crecimiento. Esto es especialmente importante en contextos inflacionarios o monetariamente inestables. Muchas personas evalúan el colchón con lógica de inversión y terminan colocándolo en instrumentos demasiado volátiles o difíciles de liquidar. De nuevo: un fondo de emergencia no está para maximizar patrimonio. Sirve para comprar tiempo y proteger las demás capas del sistema. Sin él, cualquier imprevisto obliga a destruir otras reservas, liquidando inversiones en mal momento o endeudándonos. El colchón es improductivo y está bien que así sea.

Cuando alguien no tiene colchón, vive en una lógica de resolución inmediata de crisis. En esas condiciones es muy difícil tomar decisiones racionales de largo plazo porque casi toda la energía mental queda absorbida por la urgencia. Cuando partimos desde cero, la prioridad debería ser reunir aunque sea un mes de gastos básicos mediante los automatismos construidos en N. Parece poco, pero incluso un colchón mínimo produce una transformación importante. Un mes de margen cambia la relación con el dinero porque modifica la percepción cotidiana del riesgo. De a poco, aparece la posibilidad de esperar, negociar, equivocarse o incluso decir que no, alterando decisiones de manera profunda.

Cuando esa primera capa adquiere cierta estabilidad, empieza a abrirse espacio para el *ahorro por objetivos*. Aquí el dinero se orienta a producir cambios concretos y relativamente previsibles. Un fondo para una vivienda, una mudanza, formación profesional, equipamiento de trabajo o un proyecto personal funciona de manera muy distinta de una cuenta abstracta llamada simplemente "ahorros". Los objetivos específicos sostienen mejor el esfuerzo porque conectan el presente con una transformación visible.

Esto importa porque ahorrar no es solamente cálculo racional. También implica manejar la ansiedad y depende de nuestra percepción temporal. No fracasamos al ahorrar porque ignoremos matemáticas básicas, sino porque sentimos que el futuro es demasiado abstracto o incierto como para justificar sacrificios sostenidos en el presente. Cuando el horizonte es completamente difuso, sentimos el ahorro como privación permanente sin recompensa perceptible.[33] Por eso los objetivos intermedios suelen funcionar mejor que los excesivamente lejanos. Un horizonte de dos a cinco años mantiene suficiente distancia como para exigir constancia, pero suficiente cercanía emocional como para conservar sentido psicológico. El ahorro necesita cierta conexión con nuestro yo futuro y cuando esa conexión desaparece, incluso personas disciplinadas tiran la toalla.

Solo después de que las primeras dos capas adquieren cierta estabilidad aparece el *ahorro para inversión*. Aquí la lógica cambia otra vez. Esta tercera capa busca ampliar posibilidades futuras. El dinero empieza a operar ofensivamente, adquirir activos, aprovechar oportunidades y expandir patrimonio con el tiempo. Ahora bien, justamente porque esta capa promete crecimiento visible suele producir errores importantes. La cultura financiera contemporánea vuelve glamorosa la inversión y aburrido el colchón. El resultado es que muchas personas intentan construir riqueza sobre estructuras extremadamente frágiles. Mientras el contexto

[33] Hershfield, H., *Your Future Self: How to Make Tomorrow Better Today* (Little, Brown Spark, 2023). Véase también Hershfield, H. et al., "Increasing Saving Behavior Through Age-Progressed Renderings of the Future Self", *Journal of Marketing Research* 48, no. SPL (2011), S23–S37.

acompaña, todo va bien, pero si aparece un shock real de desempleo, enfermedad, inflación fuerte o caída de mercado, hay que transformar activos de largo plazo en liquidez inmediata para cubrir gastos básicos. Lo que parecía crecimiento sólido se revela como una estructura sin amortiguador.

En suma, la calidad de una estrategia financiera se mide por cuánto puede crecer pero antes de eso por cuánto puede resistir escenarios imperfectos sin desintegrarse. El éxito financiero consiste, silenciosamente, en construir un sistema capaz de sostener continuidad sin obligarnos a empezar de cero una y otra vez.

2. DEUDAS Y COLONIZACIÓN DEL FUTURO

La deuda es, en esencia, una máquina del tiempo y como toda máquina del tiempo produce paradojas extrañas. Cuando tomamos una deuda, arrancamos una porción de dinero del futuro y la arrastramos hacia el presente. Vivimos hoy con recursos que todavía no generamos, como si una versión futura de nosotros mismos nos enviara capacidad de acción hacia atrás sin explicarnos demasiado el costo de devolverla. La sensación inicial suele ser expansiva. De golpe aparece una versión adelantada de nuestra vida futura materializada en el ahora. Pero el movimiento temporal no termina ahí. Cuando empezamos a devolver la deuda, la dirección se invierte. El presente comienza a trabajar para pagar decisiones que quedaron fijadas en el pasado. Cada cuota es un fragmento de tiempo actual sacrificado para sostener una elección que ya no puede modificarse. Ahí aparece una de las rarezas más inquietantes de la deuda: el pasado sigue teniendo poder material sobre nosotros mucho después de haber desaparecido.

Por todo esto las deudas largas producen una sensación psicológica tan particular. Más que dinero pendiente, son futuros parcialmente ocupados de antemano. Meses o años que todavía no llegaron ya tienen dueño. Una parte de nuestro salario de dentro de tres años quizá ya esté comprometida hoy para pagar algo que incluso podría haber dejado de importarnos.

Cuando miramos el saldo pendiente ocurre algo todavía más extraño. En una sola cifra se superponen las tres temporalidades. Está el pasado, condensado en la decisión original; está el presente, que siente el peso concreto de las cuotas; y está el futuro, proyectado como una sombra de pagos que todavía no existen pero ya condicionan nuestras posibilidades. La estructura temporal del remordimiento aparece transformada en extracto bancario.

Sin embargo, la deuda no es necesariamente un error. Algunas de las transformaciones más importantes de una vida serían imposibles sin ella. Vivienda, expansión de un proyecto o incluso supervivencia en contextos difíciles muchas veces requieren traer recursos futuros al presente. El problema es perder de vista su naturaleza temporal de contrato entre versiones distintas de nosotros mismos. Como ocurre en casi todas las historias sobre viajes en el tiempo, el peligro aparece cuando el futuro termina pagando mucho más de lo que el pasado imaginó.

Esta densidad temporal y emocional vuelve especialmente insuficientes los enfoques simplistas sobre la deuda. El moralista la presenta como una caída ética que debe purgarse mediante sacrificio, transformando cada cuota en penitencia. En alemán, *Schuld* significa simultáneamente deuda y culpa, reflejando que deber dinero y deber moralmente son experiencias que el cerebro nunca terminó de separar del todo. En muchas lenguas ocurre algo parecido. Desde el *Código de Hammurabi* y el *Deuteronomio* encontramos límites rituales a la acumulación de deuda y ciclos de perdón porque el problema nunca fue solamente económico. La deuda toca algo atávico, esa sensación de que alguien tiene ahora derechos sobre tiempo que todavía no vivimos y que nosotros mismos comprometimos.

Por su parte, el tecnócrata la reduce a una variable optimizable mediante cálculo de tasas, como si el problema fuera puramente aritmético. El conductista superficial la interpreta como falta de autocontrol o gratificación inmediata, ignorando que muchas veces endeudarse es simplemente la mejor alternativa disponible o incluso la única. Las tres perspectivas capturan fragmentos reales del fenómeno, pero ninguna alcanza a describirlo completo como lo que es: *una tecnología de gestión de incertidumbre intertemporal* que funciona siempre que no perdamos el control y empecemos a hipotecar futuros cada vez más lejanos para sostener presentes cada vez más frágiles.

La *tasa de interés* ocupa un lugar central en esta dinámica porque representa, en el fondo, el precio del tiempo. El acreedor entrega recursos hoy a cambio de recuperar más mañana. Ese precio nunca es neutral. Depende del riesgo, de la inflación, del poder de negociación y, muchas veces, del grado de desesperación del deudor. Cuanto más vulnerable es alguien, más caro suele pagar el acceso al futuro. Si contamos con patrimonio, estabilidad y tenemos un historial crediticio impecable podemos obtener tiempo barato, mientras que quien vive al borde de la urgencia lo va a pagar carísimo. Las tarjetas de crédito, los créditos rápidos y los préstamos de día de cobro son destructivos cuando venden tiempo bajo condiciones extremas. Cuanto más asfixiada está una persona, menos capacidad tiene de negociar el precio de ese tiempo.

En situaciones de agotamiento o atraso de pagos, el problema pasa a sentirse como necesidad urgente de aire. Una cuota "chiquita" o una aprobación inmediata que permite postergar la cuestión unos días produce alivio emocional instantáneo y el cerebro deja de evaluar cuánto costará realmente ese tiempo comprado. Estos instrumentos funcionan tan bien porque fragmentan el dolor financiero en pequeñas extracciones repetidas y relativamente invisibles. La persona no siente un gran golpe único, sino una erosión lenta de intereses que aparecen todos los meses, refinanciaciones automáticas, cuotas mínimas que parecen manejables y saldos que nunca terminan de desaparecer. El problema es que el tiempo comprado empieza a multiplicar deuda futura mucho más rápido de lo que genera capacidad real para devolverla y entonces la deuda deja de ser un puente temporal y coloniza progresivamente el futuro.

La *inflación* agrega otra rareza temporal. En contextos inflacionarios, las deudas cambian de significado con el paso del tiempo. Una deuda a tasa fija puede licuarse hasta volverse relativamente liviana si los ingresos acompañan la inflación. En cambio, una deuda indexada o variable puede transformarse en una trampa explosiva. Esto significa que la experiencia temporal de la deuda depende también del régimen monetario donde existe. Una hipoteca a treinta años no significa lo mismo en Suiza, Argentina o Turquía. Las mismas cuotas pueden representar estabilidad razonable o una amenaza permanente de colapso que nos hace vivir en una montaña rusa.

Las distintas deudas administran riesgos distintos y ocupan el futuro de maneras diferentes. La *deuda orientada a inversión en capacidad futura*, por ejemplo, busca aumentar nuestra generación de ingresos. Puede financiar capital humano, como educación, capacitación especializada, formación técnica, o capital productivo, es decir, maquinaria, herramientas, inventario, infraestructura. En ambos casos el objetivo es que el futuro produzca más recursos que los necesarios para devolver la deuda, pero incluso aquí los riesgos difieren. El capital humano pasa a formar parte de nosotros mismos y nadie puede embargarlo del todo, aunque sus retornos suelen ser inciertos y lentos. Una deuda educativa enorme para una profesión sin salida económica puede convertirse en deuda tóxica aunque el aprendizaje haya sido valioso en otros planos. La deuda productiva, en cambio, puede generar retornos rápidos, pero depende de la supervivencia del negocio que financia.

La *deuda patrimonial* ocupa otra zona. Financia activos tangibles que permanecen después del pago y reorganizan estabilidad cotidiana. La vivienda propia es el caso paradigmático. Una hipoteca compromete flujo de caja durante décadas a cambio de estabilidad habitacional y cierta protección frente a la volatilidad de los alquileres. Funciona especialmente bien cuando la arquitectura de vida requiere permanencia geográfica prolongada y existe suficiente estabilidad de ingresos para sostener cuotas largas sin asfixia constante. Algunos bienes quedan en zonas grises. Un automóvil puede ser capital productivo si permite trabajar o acceder a oportunidades imposibles de otro modo, pero también puede funcionar simplemente como deuda de consumo emocionalmente racionalizada. La diferencia importa porque muchas veces presentamos como "inversión" lo que en realidad es deseo financiado.

Precisamente, la *deuda de consumo* es probablemente la categoría más demonizada y, sin embargo, una de las más inevitables. Gran parte de la vida contemporánea funciona sobre consumo anticipado a través de cuotas, tarjetas y financiamiento cotidiano. Pocas personas podrían equipar una casa, atravesar una mudanza, reemplazar un electrodoméstico roto o incluso sostener ciertos niveles de vida únicamente pagando todo al contado. En muchos casos endeudarse es simplemente la manera menos mala de atravesar restricciones temporales de liquidez o de distribuir gastos grandes a lo largo del tiempo sin destruir el flujo mensual. Sin embargo, cuando el crédito financia gastos básicos mes tras mes, ya no estamos adelantando consumo excepcional sino usando futuro para sostener un presente que no logra sostenerse por sí mismo.

La *deuda emocional* es especialmente peligrosa. Ya vimos en I que existen firmas financieras relativamente estables. Cuando esas dinámicas se combinan con crédito, el resultado puede volverse explosivo. Por ejemplo, el Compensador usa deuda para producir alivio inmediato frente a frustración o agotamiento. El Evitador se endeuda cuando ya no puede seguir postergando decisiones difíciles. El Optimista adelanta futuros imaginarios desde el entusiasmo y subestima riesgos reales. El Protector puede hipotecarse silenciosamente para sostener a otros mientras deteriora su propia estabilidad. En todos estos casos la deuda rara vez nace del cálculo financiero frío. Al contrario, aparece ligada a estados emocionales intensos que luego reciben justificaciones racionales retrospectivas. Todos conocemos gente que entiende perfectamente tasas, cuotas e intereses y aun así repite patrones destructivos por la función psicológica que cumple la deuda.

Finalmente hay *deuda tóxica,* que es la que deja de financiar presente o futuro y empieza simplemente a sostener deuda anterior. Refinanciamos cuotas mínimas eternamente mientras el saldo crece por intereses compuestos o usamos crédito para cubrir gastos básicos de manera recurrente sin modificar la arquitectura general del sistema. En ese punto la deuda oculta el colapso estructural.

Las deudas se encarnan en instrumentos concretos, desde una hipoteca a una tarjeta de crédito, que comprometen el futuro de distinta manera.

La *tarjeta de crédito* es el instrumento de deuda más extendido en las economías formalizadas. Su diseño es brillante desde el punto de vista del emisor y peligroso para el usuario porque fragmenta el costo temporal hasta volverlo casi invisible.[34] La compra ocurre hoy, pero el impacto financiero aparece distribuido en pequeños pagos futuros que rara vez se sienten conectados con la decisión original. Esto funciona tan bien porque el cerebro humano percibe mucho más intensamente un gran pago único que diez pagos pequeños repartidos en el tiempo, incluso si el costo total es idéntico o mayor. Las cuotas reducen el "dolor de pagar" porque separan el consumo de su sacrificio económico correspondiente. El problema es que el futuro empieza a poblarse silenciosamente de microcompromisos simultáneos. Cada compra parece razonable por separado: un teléfono, una reparación, ropa, un pasaje, cada decisión aislada mientras la deuda se acumula y de golpe descubrimos que convertimos buena parte de los ingresos del próximo año en dinero en tránsito...

Esto vuelve bastante simplista la idea, repetida constantemente en medios y discursos moralizantes, de que usar tarjeta o pagar en cuotas es automáticamente señal de crisis financiera. Muchas personas con ingresos estables y liquidez suficiente usan crédito simplemente para ordenar temporalmente sus gastos o conservar margen disponible. En economías con inflación alta, incluso puede ser racional pagar en cuotas aun teniendo el dinero disponible, porque el valor real de esas cuotas tiende a erosionarse con el tiempo. La situación cambia completamente cuando dejamos de pagar el saldo completo y empezamos a refinanciar. Ahí la tarjeta se transforma en deuda rotativa. El pago mínimo, una de las grandes invenciones psicológicas del sistema financiero contemporáneo, transforma una crisis visible en una erosión lenta y aparentemente manejable hasta que los intereses compuestos lo destruyen todo.

Los *préstamos personales* producen una experiencia temporal diferente, ya que hacen visible desde el principio cuánto tiempo futuro estamos comprometiendo. Sabemos cuánto vamos a pagar, du-

---

34 Stewart, N., "The Cost of Anchoring on Credit-Card Minimum Repayments", *Psychological Science* 20, no. 1 (2009), 39–41.

rante cuánto tiempo y las condiciones son claras. Esa claridad tiene algo brutal pero también algo sano. El costo financiero total importa mucho más que la tasa publicitaria. Conviene recordar que muchas veces el interés visible parece razonable, pero seguros obligatorios, gastos administrativos y comisiones convierten el préstamo en algo mucho más caro de lo que parecía.

En el extremo más agresivo aparecen los *créditos rápidos y préstamos de día de cobro.* Estos instrumentos venden tiempo bajo condiciones extremas. Cuanto más asfixiada está una persona, menos capacidad tiene de negociar el precio de ese tiempo. Ahí aparece una de las asimetrías más crueles del sistema financiero: quienes más necesitan alivio inmediato suelen acceder al dinero en las peores condiciones posibles. La urgencia destruye siempre la capacidad de negociación temporal.

Las deudas raramente nacen tóxicas. Lo más común es que se degraden lentamente. Una cuota manejable o una refinanciación ocasional no destruyen por sí solos una arquitectura financiera. Si esto se vuelve norma, el tiempo comprado ya no genera expansión futura ni estabilidad y nuestra energía mental queda absorbida por cálculos constantes, postergaciones, ansiedad anticipatoria y sensación de persecución temporal. No es casual que muchas personas muy inteligentes tomen decisiones financieras nefastas cuando entran en espirales de deuda. En estos casos, las soluciones superficiales suelen fracasar. Cuando una arquitectura financiera colapsa, no alcanza con "ordenarse mejor" o eliminar pequeños gastos simbólicos. Muchas veces el problema requiere modificaciones estructurales de aumento de ingresos, reducción fuerte de compromisos fijos, venta de activos, renegociación o incluso reestructuración legal de deuda. Cuanto antes se frene la bola de nieve, mejor.

Toda deuda depende mucho menos de su tamaño absoluto que de la arquitectura que tiene que sostenerla. La misma cuota puede ser casi imperceptible para una persona y completamente asfixiante para otra. Hay gente que vive tranquila debiendo cifras enormes y otra que entra en crisis con compromisos relativamente modestos, porque lo relevante es el margen queda después de pagar las deudas. Este punto se refleja en dos conceptos clave. Por un lado, la *capacidad de deuda*, que indica cuánto compromiso temporal puede sostener razonablemente nuestra estructura de ingresos y gastos sin empezar a volverse frágil. Por otro, la *carga de deuda*, que muestra cuánto de esa capacidad ya está ocupado. Lo importante aquí es la distancia entre ambas. Mientras exista espacio entre carga y capacidad, el sistema conserva elasticidad, pero si esa distancia se achicarse demasiado, nos quedamos sin margen y cualquier mes flojo o un gasto inesperado se siente como una bomba.

Por este motivo la estabilidad de ingresos importa tanto como el monto ganado. Con un salario estable, una cuota elevada puede ser perfectamente sostenible, mientras que una cuota mucho menor puede convertirse en una fuente permanente de tensión para un freelancer con ingresos variables. Toda la diferencia está en la incertidumbre que puede absorber nuestra arquitectura financiera sin romperse. El sistema financiero institucionaliza esta lógica mediante mecanismos de *scoring* crediticio. Veraz, ASNEF, credit score o cualquier equivalente funcionan, en el fondo, como sistemas que evalúan qué tan confiables somos administrando futuro. El sistema premia a quienes sostienen compromisos temporales de manera consistente y castiga a quienes muestran discontinuidad o fragilidad. Nuestro acceso al crédito y el precio del tiempo dependen cada vez más de esa reputación temporal cuantificada. Esto produce la paradoja de que para acceder a mejores condiciones de deuda necesitamos demostrar previamente capacidad de manejar deuda. Por eso una tarjeta usada responsablemente puede ser útil incluso para alguien que no necesita financiamiento inmediato, porque el sistema interpreta historial consistente como señal de estabilidad temporal.

Muchas deudas inicialmente razonables se vuelven destructivas porque cambió el contexto que las sostenía. Una hipoteca perfectamente manejable entre dos personas puede transformarse en asfixiante después de un divorcio. Un préstamo tomado con ingresos estables puede volverse peligroso tras desempleo, enfermedad o caída fuerte de actividad económica. Esto es importante porque tendemos a evaluar decisiones financieras retrospectivamente como si el contexto futuro hubiera sido previsible, cuando gran parte de la fragilidad financiera aparece porque la vida cambia más rápido que las estructuras de deuda largas. Intervenir temprano es crucial. Cuanto antes reconocemos que la arquitectura original dejó de existir, más opciones quedan disponibles. Vender un activo, renegociar condiciones, extender plazos o reducir compromisos suele ser mucho menos destructivo que esperar hasta el borde del colapso intentando sostener artificialmente una estructura que ya no coincide con nuestra realidad.

Algo parecido ocurre con los garantes. Ser garante implica asumir deuda potencial sin controlar el uso del dinero ni el comportamiento del deudor principal. El banco presta tiempo utilizando nuestro futuro como respaldo. Dado que el riesgo permanece invisible mientras todo funciona bien, muchas personas subestiman enormemente la responsabilidad que asumen al firmar.

Hay un momento en que la lógica de resistencia deja de tener sentido. Si la deuda total supera claramente nuestra capacidad de pago y la renegociación informal fracasa, seguir sosteniendo artificialmente el sistema puede empeorar mucho más las cosas. Los bancos suelen tener más margen de negociación del que admiten inicialmente porque muchas veces prefieren renegociar antes que atravesar procesos judiciales largos y costosos. Pero renegociar no significa simplemente bajar cuotas. Una refinanciación que reduce el pago mensual extendiendo enormemente el plazo puede empeorar el costo total y prolongar durante años una situación de fragilidad. Una renegociación realmente útil mejora la arquitectura general: reduce tasas, congela intereses, reestructura capital o devuelve margen operativo.

Cuando incluso eso falla aparece la insolvencia. Bancarrota, concurso o quiebra, según cada legislación, existen porque los sistemas jurídicos reconocen que hay situaciones donde una deuda deja de ser pagable sin destruir completamente la vida económica del deudor. La insolvencia no debería romantizarse ni utilizarse como mecanismo banal de escape, pero tampoco entenderse como fracaso moral absoluto. A veces es simplemente el reconocimiento formal de que el futuro comprometido excede ampliamente la capacidad real de sostenerlo.

Existe también una forma inversa de distorsión financiera que consiste en la necesidad compulsiva de eliminar toda deuda lo antes posible aunque eso destruya nuestra liquidez o nuestra calidad de vida. Algunas personas no toleran psicológicamente deber dinero aun cuando financieramente tendría sentido convivir con ciertas deudas relativamente baratas mientras construyen ahorro o inversión. En efecto, la deuda produce preocupación y muchas personas experimentan alivio emocional enorme cuando recuperan sensación de futuro disponible, de modo que querer terminarla es comprensible, salvo que esto lleve a decisiones económicamente irracionales. Una hipoteca a tasa menor que la inflación, por ejemplo, puede reducirse sola en términos reales mientras el capital disponible produce mucho más valor invertido en otro lado. Cabe insistir en que la secuencia lineal tan repetida de eliminar toda deuda, luego ahorrar y finalmente invertir no siempre funciona. Depende de muchos factores como tasas reales, inflación, estabilidad de ingresos, edad, tolerancia psicológica y oportunidades disponibles. Muchas veces la estrategia más sólida consiste en construir simultáneamente colchón, reducción de deuda cara e inversión gradual.

Toda deuda es, en última instancia, una negociación entre distintas versiones de nosotros mismos. Algunas expanden nuestras posibilidades futuras. Otras las ocupan lentamente hasta volverlas inhabitables. Si vamos a entrar en la máquina del tiempo, vale la pena estar seguros de cuánto futuro estamos dispuestos a poner en juego.

3. El Motor INVERSO

Supongamos ahora que tenemos ahorros suficientes sin deudas caras. La inflación crece, más rápida o más lenta, y mantener el dinero quieto es perderlo en cámara lenta. Ese dinero disponible puede moverse sin desordenarnos, pasando del puro ahorro que preserva contra lo inmediato a la inversión, que implica aceptar que parte del dinero se aleje temporalmente y fluctúe a cambio de la posibilidad de crecer. Ambas funciones conviven en una arquitectura financiera madura.

No existe el instante ideal para empezar a invertir, como no existe el día perfecto para empezar a ir al gimnasio, pero hay una cuestión sobre el tiempo qué si es importante. Quienes tratan de entrar y salir del mercado anticipando subas y bajas obtienen en promedio resultados peores que quienes entran y se quedan. Va contra las leyendas de los magos de Wall Street, pero es cierto. Los retornos de largo plazo provienen más de la distribución entre activos que del *timing* o la selección de instrumentos.[35] Eso nos libera del peso de tener que hacer una entrada brillante o forzarnos a piruetas memorables. Lo más importante es empezar, una vez que contemos con un marco de decisión.

Los métodos tradicionales explican primero la frontera eficiente de Markowitz, cómo funciona el CAPM de Sharpe, qué instrumentos existen y qué rendimientos han tenido. Después hacen un cuestionario de perfil de riesgo con preguntas genéricas sobre reacciones ante caídas hipotéticas y con esa información superficial eligen un portafolio supuestamente óptimo. Esto está decididamente mal y la falla está en el orden. Empezar con teoría técnica y agregar psicología como ajuste cosmético es una receta para el desastre. El Motor INVERSO invierte esa secuencia. Como desde el inicio, también en el terreno de la estrategia vamos a empezar con nuestras coordenadas reales y recién después exploraremos el paisaje técnico haciéndolo sostenible.

Lo llamamos "Motor" porque toma energía frecuentemente irregular o imperfecta y la transforma en un movimiento que puede mantenerse durante períodos prolongados sin supervisión constante. Un motor bien diseñado produce movimiento a pesar de nuestras decisiones torpes por cansancio, pánico o euforia y de los contextos económicos que no manejamos y eso es lo que vamos a construir.

---

[35] Brinson, G. P., Hood, L. R. y Beebower, G. L., "Determinants of Portfolio Performance", *Financial Analysts Journal* 42, no. 4 (1986), 39–44.

EL CUADRANTE DE COORDENADAS

Antes de elegir un solo instrumento necesitamos saber desde dónde operamos, con la vida que efectivamente llevamos. A lo largo de I, N y V hicimos un trabajo de autoconocimiento profundo y ahora sabemos cuál es nuestra firma financiera, qué sesgos nos dominan, dónde están nuestros puntos de quiebre, cómo funciona nuestro presupuesto y cuánto margen tenemos, como un montañista que se conoce bien y sabe a qué altura se le complica la respiración, cómo reacciona al frío extremo, cuántos días aguanta sin bajar y en qué momento tiende a tomar malas decisiones.

Todo ese conocimiento es enorme y valioso, pero muy general. Sirve para cualquier montaña. Ahora hay una montaña concreta por delante. Tenemos que invertir en un mercado específico de un país específico en este momento de la vida y no todo lo que sabemos sobre nosotros mismos es igualmente relevante para este ascenso particular. El cuadrante de coordenadas es el filtro que toma ese autoconocimiento y lo traduce en cuatro variables operativas para la tarea específica de invertir. Funciona como el chequeo de equipo que un montañista hace antes de salir con lo necesario para su montaña. Es el engranaje exterior del Motor y fija los parámetros de funcionamiento para asegurar que trabaje para nosotros y no para un inversor genérico que no existe.

La práctica profesional de asesoramiento financiero siempre usó tres coordenadas para ubicar al inversor: qué quiere lograr, de cuánto tiempo dispone y cuánto riesgo tolera. Es lo que la industria llama "Declaración de Políticas de Inversión" y constituye el punto de partida obligatorio de cualquier estrategia seria, desde los grandes fondos de inversión hasta las apps que nos piden completar un "perfil de riesgo" en cinco preguntas. Las dos certificaciones internacionales más exigentes del sector, el CFA para gestión de inversiones y el CFP para planificación financiera personal, formalizaron este esquema en los años '80 y hoy se usan en más de ciento setenta países como estándar profesional. Es el consenso global de una industria entera. En el Motor INVERSO, esas coordenadas se llenan con todo lo que construimos en los capítulos anteriores y además se agrega una cuarta que lo potencia. Revisemos cada una.

Metas. Ya tratamos de este punto en N. Sabemos qué queremos lograr y cuánto retorno tiene que producir la estrategia para que sea posible. Lo que importa ahora es qué le exige cada tipo de meta a la inversión, porque no todas piden lo mismo. Una meta modesta, donde el monto necesario es alcanzable con aportes regulares y rendimientos conservadores, pide poco y basta con consistencia y bajo costo. No necesitamos que el mercado haga nada espectacular, de modo que fondos de bajo riesgo, bonos de calidad y aportes automáticos resuelven esto sin drama.

Al contrario, una meta ambiciosa, donde el monto necesario excede lo que los aportes regulares pueden cubrir por sí solos, pide crecimiento y para eso necesitamos que el mercado trabaje a nuestro favor, lo cual implica aceptar volatilidad. Es el momento es que aceptamos que no hay atajo. Si pretendemos rendimientos altos sin exposición al riesgo, estamos buscando algo que no existe, o peor, confiando en alguien que nos dice que sí existe.

Si la meta es crítica y fracasar tendría consecuencias graves, por ejemplo, para el anticipo de una vivienda, la certeza tiene que estar por encima de todo. Si una meta es crítica y ambiciosa al mismo tiempo, no hay instrumentos financieros totalmente seguros y es tiempo de extender el plazo o aumentar los aportes, o, por supuesto, reducir la ambición. Creer que el mercado va a resolver la ecuación por pura suerte puede transformar la aventura en un fiasco. Sabiendo qué se juega detrás de las metas, tenemos que tratarlas como compromisos con versiones futuras de nosotros mismos que hay que honrar aplicando la mejor estrategia.

Horizonte. La dimensión temporal de una inversión tiene al menos dos caras. Una, objetiva, indica cuándo vamos a necesitar el dinero a ganar. Si estamos ahorrando para el anticipo de una casa dentro de dos años, el horizonte son dos años, independientemente de cuánto querríamos tolerar volatilidad o aspirar a mayores rendimientos. El tiempo modifica radicalmente el significado del riesgo. A corto plazo, una caída fuerte de mercado puede ser devastadora simplemente porque no nos da tiempo suficiente para recuperarnos. A largo plazo, en cambio, la lógica cambia, porque en horizontes de diez o quince años, la probabilidad histórica de que un portafolio diversificado de acciones globales termine en pérdida cae muchísimo. En este caso el tiempo es un aliado y amortigua parte de la volatilidad intermedia.

Tolerancia al riesgo. Los cuestionarios de inversión suelen preguntarnos qué haríamos si el portafolio pierde 20% en un año. Las respuestas no siempre sirven, porque respondemos distinto en calma que cuando vemos caer nuestro dinero real. En abstracto somos racionales, pacientes y "de largo plazo". En plena crisis descubrimos nuestro lado menos zen. La tolerancia al riesgo, como ya vimos, no surge del conocimiento técnico ni de la valentía intelectual. Podemos entender perfectamente que las caídas de mercado son normales y aun así pasar noches sin dormir cuando ocurren y no hay ninguna culpa en eso.[36] Una estrategia que no podemos sostener emocionalmente es una mala estrategia.

Contemos además con que la tolerancia cambia muchísimo a lo largo de la vida. No reaccionamos igual ante la volatilidad después de atravesar una enfermedad, un divorcio, situaciones de desempleo o cualquier cosa que nos muestre la cara oscura de la vida. La volatilidad que antes resistíamos sin problemas se puede volver insoportable o, al contrario, si antes nos asustaba el peligro que acechaba a una idea rosa del mundo, ahora podemos mirarlo casi con aburrimiento. Quien ya atravesó varias crisis y vio recuperarse su portafolio suele tolerar mejor las caídas. El pánico pierde parte de su novedad y se siente como algo que pasa y se resuelve. En cambio, alguien que recién empieza puede vivir una baja relativamente normal como si fuera el colapso del sistema financiero mundial.

En general, quienes viven períodos de bajos retornos bursátiles están menos dispuestos a tomar riesgo financiero y si lo hacen exponen una porción menor de su dinero. Pasa más si la ex-

[36] Grable, J. E., "Financial Risk Tolerance and Additional Factors That Affect Risk Taking in Everyday Money Matters", *Journal of Business and Psychology* 14, no. 4 (2000), 625–630.

periencia es reciente la experiencia, pero si lo vimos en la niñez puede ser indeleble. La generación que pasó su juventud durante los '30 invirtió con cautela el resto de su vida y se los llama "los hijos de la Depresión".[37] La hiperinflación alemana de 1923, que llegó a duplicar los precios cada pocos días y volvió el dinero papel para encender estufas, un siglo después todavía explica la obsesión antiinflacionaria de la política económica alemana.[38] La inestabilidad crónica deja el mismo sedimento. En la Argentina, donde la moneda perdió trece ceros desde 1970 y ocurrieron confiscaciones de depósitos, esa desconfianza se refleja en la cultura de dolarizar los ahorros y descreer de las promesas de rendimiento en moneda local. Suena muy sensato, pero rechazando todo riesgo se pierden, por miedo, oportunidades que valen la pena.

Algo parecido pasa, en clave menos dramática, con el momento del ciclo. Después de años de subas sostenidas nos sentimos más audaces, justo cuando los precios están altos y el riesgo real es mayor; después de una caída fuerte, cuando los activos están baratos y la historia dice que es el mejor momento para entrar, el mismo riesgo nos parece intolerable y huimos. Es una de las paradojas más caras de la conducta financiera: valientes cuando convendría prudencia y prudentes cuando convendría coraje.

Notemos que es la espiral del cementerio con el que empezamos este libro. El piloto desorientado siente que sube cuando en realidad cae y su instinto de tirar de los mandos hacia atrás es el que cierra la espiral y lo estrella. Con el dinero ocurre lo mismo. La sensación visceral del momento nos grita que compremos porque todo sube o vendamos antes de que sea tarde. Igual que el piloto, tenemos que guiarnos por los instrumentos, es decir, por la estructura que diseñamos en frío. Nos salva el giro INVERSO, donde aun con miedo o euforia no entregamos los mandos. La firma financiera que identificamos en I nos dice cuál es nuestro

---

[37] Ulrike Malmendier y Stefan Nagel, "Depression Babies: Do Macroeconomic Experiences Affect Risk-Taking?", *The Quarterly Journal of Economics* 126, n.° 1 (2011), 373–416.

[38] Fabio Braggion, Felix von Meyerinck y Nic Schaub, "Inflation and Individual Investors' Behavior: Evidence from the German Hyperinflation", *The Review of Financial Studies* 36, n.° 12 (2023), 5012–5045.

patrón de reacción bajo presión y el anclaje identitario de N ya señaló en qué momento del ciclo y bajo qué forma nuestro sesgo va a activarse. Aquí solo tenemos que alinearlo con el resto de las coordenadas y enderezar el avión.

Energía disponible. Introduzcamos una cuarta coordenada en el cuadrante para medir cuánta atención real podemos dedicarle a una estrategia financiera sin destruir otras partes de nuestra vida. Cuando nuestro ancho de banda cognitivo está saturado, la capacidad de decidir bien se deteriora muchísimo más rápido de lo que solemos admitir.[39] La estrategia de inversión adecuada para alguien soltero, con trabajo relajado e interés genuino en finanzas como hobby puede ser completamente absurda para alguien que sostiene jornadas agotadoras, hijos pequeños, padres enfermos o una vida emocionalmente caótica. En ese contexto, lo último que necesitamos es pasar horas rebalanceando activos. La estrategia ideal es la que nuestra vida concreta puede sostener.

En la práctica, el nivel de complejidad del portafolio tiene que adecuarse a la energía del período vital que atravesamos. Volviendo a la aviación, manejar el dinero no es pilotear una avioneta en un vuelo de cuarenta minutos, donde uno va atento a cada instante porque el viaje es corto y se disfruta el paisaje. Se parece más a un vuelo intercontinental de muchas horas, casi siempre con pasajeros a bordo (una pareja, hijos, padres que dependen de nosotros) y a una altura donde un error es mortal. Los pilotos no están sobre los controles durante doce horas seguidas. Menos todavía si el vuelo se repite, con escalas, durante décadas. Los aviones tienen piloto automático para que puedan comer, descansar y atender una emergencia con la cabeza fresca. Un portafolio debería funcionar igual. Cuando la energía está alta, podemos llevar una estrategia más compleja que pide atención frecuente, pero cuando nos toquen estaciones de poca energía (una enfermedad, un duelo, un recién nacido, una crisis laboral o simples intereses en otro lado) necesitamos un piloto automático. Al diseñar la estrategia tenemos

39 Mullainathan, S. y Shafir, E., *Scarcity*, op. cit.

que preguntarnos cuánto aguanta sola cuando no podamos mirarla.

Estas cuatro coordenadas forman un sistema de restricciones entrelazadas. Cuando empiezan a alinearse aparece lo que podríamos llamar una *zona de coherencia estratégica,* es decir, un espacio donde múltiples configuraciones de portafolio funcionan encajando nuestros objetivos financieros y vitales.

Esos objetivos vitales nos llevan a recordar que el cuadrante opera sobre el sustrato de las firmas financieras que identificamos en I. Dos personas con metas idénticas, horizonte idéntico, tolerancia técnica similar y energía disponible comparable pueden necesitar estrategias radicalmente distintas porque sus firmas procesan esas coordenadas de maneras incompatibles. Pero las firmas no son condenas psicológicas fijas. Son patrones aprendidos que pueden modificarse cuando acumulamos experiencia suficiente para cuestionar sus presupuestos. Un *Acumulador* que atraviesa varias caídas de mercado y observa recuperaciones sostenidas empieza lentamente a flexibilizar su expectativa permanente de catástrofe y un *Controlador* puede aprender que intervenir menos destruye menos valor que vigilar obsesivamente cada movimiento. Esas transformaciones requieren que el diseño inicial sea compatible con la firma real. Ahí aparece finalmente la zona de coherencia estratégica, que es el punto donde lo técnicamente razonable coincide con lo psicológicamente sostenible.

Hasta aquí preparamos el motor para que nos impulse sin dañarnos, pero esas coordenadas por sí solas todavía no nos dicen qué hacer concretamente con el dinero. Delimitan el territorio dentro del cual una estrategia puede funcionar sin romperse y nos dejan listos para entrar en el territorio técnico propiamente dicho. Ahora necesitamos entender las reglas estructurales del sistema.

El territorio técnico

La teoría financiera moderna, desde los trabajos de Harry Markowitz en los años cincuenta, plantea que no podemos maximizar la rentabilidad esperada sin asumir riesgo.[40] Venimos insistiendo en esto. No importa si nos gusta, como la gravedad no espera nuestra opinión para mantenernos con los pies en el suelo. Hay un conjunto de portafolios óptimos, donde cada punto representa la máxima rentabilidad esperada para un determinado nivel de riesgo. No podemos ir más allá de esa "frontera eficiente" y nos resta solamente elegir dónde posicionarnos. William Sharpe llevó esto más lejos con el Modelo de Valoración de Activos de Capital al afirmar que cualquier inversión se mueve polarmente entre lo que podríamos ganar sin riesgo y el riesgo que aceptamos al exponernos al mercado.[41] Dicho de manera simple, si nos prometen alta rentabilidad con bajo riesgo, hay algo raro.

Aunque ninguna ingeniería financiera puede anular esta relación, un diseño inteligente sabe cuánto riesgo estructural toleramos y construye en consecuencia. ¿pero qué es el riesgo? Podríamos abreviarlo diciendo que es la posibilidad de perder que produce incertidumbre. Así dicho, parece que se trata de algo que se controla con más prudencia, pero, como suele pasar en la vida, la cuestión tiene más vericuetos. En efecto, la presentación clásica ignora que además de maximizar rentabilidad ajustada por riesgo, buscamos minimizar la probabilidad de arrepentirnos de nuestras decisiones y ese arrepentimiento potencial modifica las estrategias que tomamos.[42]

Por cierto, hay un *arrepentimiento de acción* que aparece cuando hacemos algo y sale mal, por ejemplo, cuando compramos cripto en el pico y perdemos setenta por ciento. Duele porque sentimos que fue culpa nuestra. Pero existe también el *arrepentimiento de omisión*, que aparece cuando no hacemos algo que hubiera sido correcto. Por ejemplo, no compramos cuando estaba barato y des-

---

[40] Markowitz, H., "Portfolio Selection", *Journal of Finance* 7, no. 1 (1952), 77–91. Markowitz recibió el Nobel de Economía en 1990 por este trabajo.
[41] Sharpe, W. F., "Capital Asset Prices: A Theory of Market Equilibrium under Conditions of Risk", *Journal of Finance* 19, no. 3 (1964), 425–442.
[42] Statman, M., *Behavioral Finance: The Second Generation* (CFA Institute Research Foundation, 2019). Véase también Statman, M., "Behavioral Finance versus Standard Finance", en *Behavioral Finance and Investment Management* (CFA Institute, 2010).

pués sube dramáticamente. El dolor es más difuso que el de la acción fallida, pero igualmente real. Se siente como haberse perdido algo que todos los demás lograron. Cuidado, porque esta distinción revela una trampa. Del otro lado del riesgo también hay malestar. Si no invertimos por miedo a perder nos espera el arrepentimiento lento de ver cómo la inflación y las oportunidades perdidas erosionan lo que nos costó conseguir. Podemos esconder la cabeza, como un avestruz, pero va a pasar igual. ¿Qué tal si nos preguntamos qué tipo de incomodidad podemos gestionar mejor? A esta altura ya sabemos responder: depende de la firma.

El *Optimista* tolera bien el arrepentimiento de acción pero lo destruye el de omisión. Necesita algo de exposición a activos de alto potencial porque el costo psicológico de no estar ahí si explotan es mayor que el de estar y perder. El *Evitador* sufre el arrepentimiento de acción pero convive sin problemas con el de omisión. Ver que otros ganan no le produce ningún espiral depresivo. El *Controlador* vive mal ambos y necesita una estrategia que minimice la probabilidad de equivocarse en cualquier dirección. El *Acumulador* tolera mal los dos, pero sobre todo el de acción, porque cada pérdida confirma que el mundo es peligroso. El *Compensador* tiene tolerancia variable. Cuando está en expansión emocional reinterpreta la pérdida como experiencia; en momentos de fragilidad, en cambio, se vuelve un juicio demoledor. El *Protector*, por su parte, sufre intensamente el de acción si los resultados afectan al grupo.

En muchos casos tiene sentido incluir "asignaciones simbólicas" de pequeños porcentajes en activos de alto potencial especulativo, típicamente entre dos y cinco por ciento del portafolio, con función primaria de gestión de arrepentimiento. La pérdida marginal de eficiencia se compensa con una ganancia enorme en sostenibilidad psicológica.

Volvamos a la cuestión del tiempo, porque hay un debate fascinante que conviene conocer antes de diseñar cualquier portafolio. La versión que más circula dice, con tono reconfortante, que si invertimos a largo plazo, el riesgo se diluye. Los mercados suben más de lo que bajan, los retornos se promedian y el tiempo cura todo. Jeremy Siegel dedicó décadas a documentar esta tesis y los datos históricos le dan una base sólida.[43] Es una idea poderosa y, para horizontes de veinte o treinta años, bastante tranquilizadora. No obstante, tiene una trampa que Paul Samuelson identificó con elegancia y cierta maldad. Es cierto que el promedio anual se estabiliza con el paso de los años, pero la incertidumbre sobre el monto total acumulado aumenta.[44] Pensémoslo así: si tiramos una moneda diez veces, el promedio de caras y cruces va a estar cerca del 50%. Si la tiramos diez mil veces, más cerca todavía. Pero la diferencia absoluta entre caras y cruces puede ser enorme.

Con las inversiones pasa lo mismo. En veinte años, el retorno promedio anual probablemente se parezca al histórico, pero la distancia entre el mejor y el peor escenario posible de patrimonio acumulado es mucho mayor que a un año. El tiempo suaviza el promedio, pero amplifica el rango de resultados finales. Si todavía dudamos, hay un dato todavía más sugestivo. Si el tiempo realmente eliminara el riesgo, proteger una cartera de acciones contra pérdidas debería abaratarse cuanto más largo sea el horizonte. En los hechos ocurre lo contrario. El seguro es más caro, no más barato. El mercado, que sabe contar mejor que nosotros, no trata al largo plazo como algo de riesgo menor.[45]

¿Quién tiene razón? Probablemente ambos lados, porque hablan de cosas distintas. La probabilidad de terminar en pérdida baja con el tiempo. La magnitud posible de esa pérdida, si ocurre, sube. Para la vida práctica lo que importa es que a veinte años, las posibilidades de que un portafolio diversificado pierda son históricamente muy bajas. La segunda nos recuerda que "muy bajas" no es cero y que diseñar como si lo fuera es una forma de optimismo exagerado que tenemos que evitar.

---

43 Siegel, J. J., *Stocks for the Long Run: The Definitive Guide to Financial Market Returns & Long-Term Investment Strategies*, 6ª ed. (McGraw-Hill, 2022).

44 Samuelson, P. A., "Risk and Uncertainty: A Fallacy of Large Numbers", *Scientia* 98 (1963), 108–113. Véase también los volúmenes de *Collected Scientific Papers of Paul A. Samuelson* (MIT Press, 1966–1986).

45 Bodie, Z., "On the Risk of Stocks in the Long Run", *Financial Analysts Journal* 51, no. 3 (1995), 18–22. Véase también Bodie, Z., Kane, A. y Marcus, A. J., *Investments*, 1ª ed. (Irwin, 1989).

En concreto, si necesitamos la plata en menos de tres años, tenemos que proteger. Una caída del mercado a seis meses de comprar un departamento está más cerca de la catástrofe que de una fluctuación interesante. El dinero tiene que estar en instrumentos estables, aunque rindan poco, porque estamos comprando certeza. Entre tres y diez años, el terreno se vuelve mixto. Necesitamos algo de crecimiento para que la inflación no se coma el esfuerzo, pero no tanta exposición como para que una crisis a dos años del objetivo nos obligue a replantear todo. Es el tramo donde los portafolios mixtos de bonos y acciones combinados están en buen lugar. Más allá de diez años, y especialmente más allá de veinte, la historia está de nuestro lado aunque sin garantías totales. De nuevo, la probabilidad de que un portafolio diversificado de acciones globales termine en pérdida real es muy baja y el costo de no haber estado expuesto al crecimiento se vuelve altísimo.

Ahora bien, hay una variable que los libros suelen presentar como la tercera punta de un triángulo junto con el riesgo y la rentabilidad y que en realidad es otra cosa: la *liquidez*. No está en el mismo nivel conceptual, porque es algo que necesitamos según nuestra situación y actúa como restricción sobre las opciones disponibles. Los activos menos líquidos, los que no podemos convertir en efectivo rápidamente, pagan un premio de rentabilidad por esa incomodidad. Es lógico, porque nadie acepta tener dinero atrapado durante años si no le pagan por la paciencia.

La liquidez, sin embargo, tiene dos capas que se confunden permanentemente. La *liquidez financiera* mide objetivamente cuánto tardamos en convertir una inversión en efectivo sin perder valor en el proceso. Vender acciones de una empresa grande en una bolsa activa toma segundos; vender un departamento en una ciudad mediana puede tomar meses, y si tenemos apuro, con descuento feroz. Si tenemos que vender la participación en un negocio privado puede tomar años, si es que encontramos comprador. Hasta acá, todo es pura mecánica, pero existe otra capa importante: la *liquidez psicológica,* que mide cómo se vive la imposibilidad de salir. Un activo puede ser técnicamente vendible en semanas con pérdida moderada y aun así generar una sensación opresiva de estar atrapado, como un montañista que técnicamente puede bajar, pero siente que la montaña no lo deja ir.

En este punto reaparecen las firmas. Por ejemplo, el *Evitador* necesita alta liquidez psicológica porque la sensación de encierro activa su evitación de manera insoportable. Si siente que no puede salir, va a dejar de mirar y abandonarse. El *Controlador*, en cambio, puede tolerar baja liquidez financiera siempre que tenga visibilidad sobre el proceso. Con la salida a la vista, aunque tome tiempo, se relaja. El *Optimista* tolera baja liquidez mejor que ningún otro perfil, porque genuinamente no piensa en la necesidad de salidas de emergencia, lo cual es una ventaja hasta el día en que necesita una.

La regla práctica es mantener en activos líquidos, convertibles en efectivo en días sin pérdida significativa. Al menos un año de gastos esenciales más cualquier gasto grande previsible en los próximos dos o tres años. Ese piso de liquidez funciona como el último campamento seguro antes de la cumbre, dándonos margen para que el resto del portafolio trabaje sin que cada oscilación del mercado nos empuje a decisiones prematuras.

Notemos que a un lado, medio escondido, hay siempre asesinos silenciosos dispuestos a destruir nuestra rentabilidad. *Los costos*. Las comisiones de gestión, los spreads de entrada y salida, los impuestos sobre ganancias y toda esa parafernalia parecen insignificantes en un año aislado, pero mientras el interés compuesto hace crecer nuestro dinero, también aumenta lo que nos cobran por gestionarlo. John Bogle dedicó su vida profesional a documentar este fenómeno y mostró que un fondo que cobra dos por ciento anual de comisión puede llevarse más del sesenta por ciento de la ganancia acumulada en un horizonte de cincuenta años.[46] Dos tercios de lo que el mercado produjo se van en comisiones compuestas. De verdad. Cada punto porcentual de comisión es un punto porcentual menos de retorno.

---

[46] Bogle, J. C., "The Arithmetic of 'All-In' Investment Expenses", *Financial Analysts Journal* 70, no. 1 (2014), 13–21. Véase también Bogle, J. C., *The Little Book of Common Sense Investing: The Only Way to Guarantee Your Fair Share of Stock Market Returns* (Wiley, 2007).

Antes de elegir cualquier instrumento conviene averiguar el *costo total anual*, que es el porcentaje que el fondo o producto cobra por administrar. Aparece en la documentación con nombres como TER o ratio de gastos, según el mercado. El número varía enormemente según el país y el tipo de instrumento. Un ETF global en una plataforma internacional puede cobrar menos del 0,2% anual; un fondo local en un mercado emergente puede cobrar diez o veinte veces más por un producto similar. La regla es comparar siempre el costo total de lo que estamos por elegir contra la alternativa más barata. Si la diferencia no se justifica por un servicio concreto que podamos nombrar, estamos pagando de más. El segundo número es el *costo de transacción,* es decir, cuánto nos cobra la plataforma cada vez que compramos o vendemos. Si operamos mensualmente con aportes automáticos, ese costo se multiplica por doce y hay que sumarlo al total. El tercero es el *costo fiscal* por impuestos en nuestra jurisdicción. Dos inversiones con retorno bruto idéntico pueden tener retorno neto radicalmente distinto después de impuestos. Estos tres números, sumados, son el precio real de nuestra estrategia. Si el precio es demasiado alto, estamos financiando el patrimonio de otros con el nuestro.

¿Y si tenemos una suma grande disponible? ¿La invertimos toda de una vez o de a poco? La investigación empírica favorece invertir todo inmediatamente, porque los mercados suben más frecuentemente de lo que bajan y cada día fuera es un día que no captura ese crecimiento.[47] Sin embargo, si invertir todo de una vez nos genera ansiedad paralizante o aumenta la probabilidad de que vendamos en pánico ante la primera caída, entonces la estrategia técnicamente óptima es emocionalmente inviable. Entrar gradualmente durante seis o doce meses sacrifica algo de retorno esperado a cambio de la capacidad de sostener la estrategia, que es lo más importante.

4. INSTRUMENTOS, ARQUITECTURAS Y ENCASTRE

---

[47] Vanguard Research, *Dollar-Cost Averaging Just Means Taking Risk Later* (Valley Forge, PA: Vanguard Group, 2012).

Con el cuadrante, las firmas y el paisaje técnico claros, revisemos las herramientas concretas y los diseños que las organizan apuntando a comprender mejor la forma en que todo eso se conecta con la persona que va a sostenerlo durante años.

EL CATÁLOGO

Abramos la mochila y revisemos las herramientas una por una. Ninguna es mágica ni sirve para todo, pero ajustadas al cuadrante que ya trazamos y al tramo de montaña donde van a operar son lo que necesitamos. Veamos las categorías que cubren las necesidades de la mayoría de las personas con estrategias sensatas de largo plazo, de la más defensiva a la más expuesta.

Empecemos por lo que sí o sí va en el fondo: *los depósitos y fondos de bajo riesgo.* Hay pocas cosas menos emocionante en el portafolio y justamente por eso son importantísimos. Están ahí para sostener valor con riesgo mínimo y liquidez máxima, como un suelo firme bajo todo el resto. Las cuentas remuneradas y los plazos fijos ofrecen tasas conocidas de antemano con liquidez razonable y protección mediante fondos de garantía hasta ciertos montos. En economías estables, esas tasas suelen rondar la inflación o quedar apenas por debajo y así preservan el valor nominal, aunque pierden algo de poder adquisitivo real, lo cual está bien, porque su trabajo es simplemente evitar que retrocedamos. Los fondos de *money market* van un paso más allá, ya que invierten en instrumentos de muy corto plazo y altísima calidad crediticia. Son el equivalente sofisticado de guardar efectivo bajo el colchón pero con algo de rendimiento. Están ahí, estables, aburridos y completamente confiables el día que los necesitemos porque la montaña se puso fea.

Subamos un tramo. *Los bonos* son la cuerda que conecta los puntos del ascenso y permite que el resto se mueva con seguridad. Un bono es un pacto relativamente simple donde prestamos dinero a un gobierno o a una empresa, nos pagan intereses periódicos y al final del plazo nos devuelven el capital. La aparente sencillez esconde un abanico muy amplio. Los bonos soberanos de países estables pagan tasas modestas porque el riesgo es bajísimo y en momentos de crisis global, cuando todo lo demás se derrumba, suelen subir, porque los inversores asustados corren a refugiarse en ellos. Como el clavo bien puesto en la roca, aguantan cuando todo lo demás cede. Los bonos soberanos de países volátiles, en cambio, pagan tasas altísimas y esa generosidad es una advertencia de que hay riesgo muy real de que no nos paguen o reestructuren la deuda. Los bonos corporativos están en el medio y la diferencia de tasa respecto al bono del gobierno del mismo país, lo que se llama "diferencial de crédito", valora el riesgo de que la empresa quiebre. Los bonos ajustados por inflación garantizan poder adquisitivo real en lugar de valores nominales que pueden evaporarse, lo que en países con inflación crónica los vuelve una herramienta básica de supervivencia. Por su parte, los bonos globales de países con tradición de cumplimiento permiten dolarizar o internacionalizar parte del portafolio, que es una forma de no tener todas las cuerdas atadas al mismo anclaje. En conjunto, los bonos hacen que el portafolio respire, de modo que cuando las acciones se desploman, el total no cae tanto. Con esta pieza defensiva, podemos arriesgarnos más en las ofensivas.

Ahora el terreno se inclina. *Las acciones* representan participación en la propiedad de empresas reales. Cuando compramos una acción, compramos una fracción minúscula de una empresa que existe en el mundo físico, que fabrica cosas, emplea gente y puede crecer espectacularmente si innova o desplomarse si toma decisiones torpes o la superan sus competidores. Todo eso se refleja en el precio, que en el corto plazo puede moverse con una violencia que asusta. Aquí aparece la paradoja central de la inversión en acciones. En el corto plazo son aterradoras y en el largo plazo, sorprendentemente confiables. El dramatismo se diluye con el tiempo y esto revela dónde está el riesgo verdadero. Sí, en nosotros mismos. La mayoría de las personas que eligen buenas empresas pierden porque venden por pánico en el peor momento, típicamente después de una caída y justo antes de la recuperación que van a perder porque se bajaron de la montaña demasiado rápido. El enemigo, una vez más, es el vértigo y no la altura.

En este punto aparece la herramienta que cambió el montañismo financiero para siempre: *los ETFs*. Un *Exchange Traded Fund* replica un índice completo de mercado y permite participar en cientos o miles de empresas con una sola compra. Un ETF del S&P 500 nos da una porción de las quinientas empresas más grandes de Estados Unidos; uno de MSCI World, de unas mil seiscientas empresas en veintitrés países. En vez de apostar a que adivinamos cuál de todas esas empresas va a ganar, nos quedamos con un pedazo de todas a la vez. La ventaja combina diversificación instantánea, costos bajísimos y también simplicidad emocional. No hay que enamorarse de ninguna empresa ni sufrir la caída de ninguna en particular, lo cual vale muchísimo. Detrás de esta herramienta hay una idea poderosa que le valió el Nobel a Eugene Fama. Si los precios del mercado ya incorporan toda la información disponible, ganarle al mercado de forma sistemática requiere información privilegiada, que es ilegal, o una capacidad analítica sobrehumana sostenida durante décadas, que es estadísticamente muy improbable.[48] Los ETFs son, en el fondo, un tratado de paz con esa realidad y en lugar de pelear contra una montaña que sabe más que nosotros, la dejamos hacer su trabajo y nos subimos a su crecimiento. Para el inversor promedio con vida compleja y energía limitada, es difícil encontrar algo que funcione tan bien con tan poco desgaste.

Hablemos ahora de la roca que todos creen conocer: los *inmuebles*. Como activo estrella del imaginario financiero, está rodeado de mitología. "El ladrillo nunca baja", se dice, como si fuera una ley física. Robert Shiller, otro Nobel, demostró que no es así. La vivienda, una vez que descontamos inflación, mantenimiento, impuestos y todos los costos asociados, tiene un retorno real cercano a cero en horizontes largos cuando se la mira a escala global.[49] Hay lugares y épocas donde se dispara, es cierto, pero también décadas

---

[48] Fama, E. F., "Efficient Capital Markets: A Review of Theory and Empirical Work", *Journal of Finance* 25, no. 2 (1970), 383–417. Fama recibió el Nobel de Economía en 2013.

[49] Shiller, R. J., *Irrational Exuberance*, 3ª ed. (Princeton University Press, 2015). Shiller recibió el Nobel de Economía en 2013 en parte por su trabajo sobre burbujas de activos.

enteras de estancamiento. Esto no significa que comprar la vivienda propia sea un error, porque tiene un valor de estabilidad vital que no se mide con ningún rendimiento, el de saber que nadie nos va a pedir que nos mudemos. Sin embargo, no hay que confundir ese valor con crecimiento patrimonial. Concentrar una porción enorme del patrimonio en ladrillos creyendo que es la opción "conservadora" es en realidad una apuesta concentrada en un solo activo, imposible de vender por partes y lento de vender entero. La famosa renta por alquiler, vendida como "ingreso pasivo", rara vez es tan pasiva. Hay inquilinos, vacancia, roturas a las dos de la mañana y decisiones constantes. Para quien quiere invertir en el sector sin convertirse en plomero de guardia están los REITs, que cotizan como acciones, se venden en segundos y diversifican entre muchas propiedades, aunque a cambio de moverse con la volatilidad del mercado. Los inmuebles tienen su lugar en un portafolio diversificado porque no se mueven al mismo ritmo que acciones y bonos y protegen de manera directa contra la inflación, pero son una pieza del equipo, nunca la mochila entera.

Aquí llegamos al discutidísimo territorio de *las criptomonedas*. Conviene empezar reconociendo que surgieron como respuesta a problemas reales como la emisión monetaria descontrolada que licúa el ahorro, los intermediarios que cobran caro y pueden negarnos el acceso, la fragilidad de los sistemas centralizados y la exclusión de miles de millones de personas que ni siquiera tienen cuenta bancaria. Bitcoin fue diseñada como reserva de valor digital, con una oferta limitada a veintiún millones de unidades, lo cual la hace resistente a la inflación por diseño y difícil de confiscar. Ethereum, en cambio, apunta a ser la infraestructura para contratos y sistemas financieros que funcionan sin intermediarios. Los problemas que intentan resolver son genuinos, si bien las soluciones arrastran sus propios fantasmas. Su volatilidad puede partir un patrimonio al medio en semanas, tienen complejidad técnica que abre la puerta a errores caros, la regulación que cambia de un país a otro y el ecosistema está plagado de estafas realmente estrafalarias. Como la cara de la montaña más vertical y menos cartografiada, puede ofrecer vistas maravillosas, pero no es un lugar para principiantes ni para llevar la carpa entera. La regla razonable es una exposición moderada, de entre el 2% y el 10% del portafolio, que reconozca el potencial sin jugarse todo en eso y siempre después de tener el campamento base bien armado. Jamás antes.

Del otro lado del tiempo está el activo más antiguo de todos: *el oro*. Lleva miles de años siendo reserva de valor y sobrevivió la caída de imperios, guerras mundiales, hiperinflaciones que volvieron la moneda papel pintado y el reemplazo completo de unos sistemas monetarios por otros. Sorprendente. Ahora bien, el oro preserva el poder adquisitivo durante períodos muy largos sin aumentarlo.[50] Si un antepasado nuestro hubiera comprado oro hace un siglo, hoy podríamos comprar más o menos lo mismo que él, ni más ni menos, aunque habríamos cruzado intactos todas las catástrofes del camino. El oro mantiene su valor justamente porque no depende de ningún gobierno que tiene que pagar su deuda ni de ningún banco con problemas de solvencia para seguir siendo oro. Va en el portafolio en dosis pequeñas, entre el 2% y el 10%, como esa manta térmica que ocupa poco lugar en la mochila y el día de la tormenta puede salvarnos, pero nadie sube una montaña cargando solo mantas térmicas.

Conviene además pensar al *oro y el bitcoin como un par*, porque protegen contra peligros distintos. El oro cubre los riesgos clásicos de guerra y colapso generalizado. El bitcoin cubre los riesgos contemporáneos que el oro no podía anticipar, como la sobreemisión de monedas o la fragilidad de sistemas hipermediados. Como ignoramos cuál de los dos escenarios de crisis es más probable, tiene total sentido cubrir los dos con exposiciones chicas, como quien lleva equipo para la tormenta de nieve y para la de lluvia sin saber cuál va a llegar. El conjunto de ambos rara vez debería pasar del diez por ciento del portafolio, porque en el fondo son seguros.

Por último, más allá del equipo estándar, existe todo un mercado de *inversiones alternativas* como crowdfunding inmobiliario, crowdlending, royalties de obras creativas, tokenización de propiedad intelectual, índices temáticos de innovación y muchas otras. Son rutas exóticas. Algunas pueden tener lugar en portafolios es-

---

[50] Erb, C. B. y Harvey, C. R., "The Golden Dilemma", *Financial Analysts Journal* 69, no. 4 (2013), 10–42.

pecíficos y para personas que entienden exactamente en qué se están metiendo, pero no deberían ser piezas centrales para quien tiene una vida ocupada, que es casi todo el mundo. Si las incorporamos, que sea en una fracción pequeña y porque de verdad agregan algo que necesitamos, nunca porque suenan emocionantes o alguien las mencionó en una cena. La emoción es mala consejera en la montaña y peor en las inversiones.

Tres arquitecturas

Las herramientas sueltas no sirven de nada hasta que se combinan en un diseño coherente, del mismo modo que una cuerda y un par de crampones son solamente un montón de equipo hasta que alguien decide cómo y cuándo usar cada cosa. A lo largo del tiempo, un puñado de arquitecturas de portafolio demostró que funcionan y vamos a quedarnos con tres, ordenadas de la más sobria a la más exigente: la *Minimalista*, la *Equilibrada* y la *Avanzada con Multiplicadores*. Ninguna es mejor en abstracto, hasta saber cuál encastra con el cuadrante de coordenadas y la firma financiera que tenemos en determinado momento de la vida, que probablemente no es el mismo que tendremos en diez años.

La ruta *Minimalista* parte de un principio indeleble: la vida debe ser siempre más compleja que el portafolio, nunca al revés. El minimalismo suena a cosa pequeña, pero no la elegimos por falta de recursos. Al contrario, representa la convicción, respaldada por la evidencia, de que la simplicidad bien sostenida le gana casi siempre a la sofisticación improvisada. El montañista que sabe que cada pieza extra de equipo es un gramo más de peso y una cosa más que puede fallar seguro elige este camino, que descansa en tres componentes: alrededor del 70% en un único ETF global diversificado que captura miles de empresas del mundo desarrollado y emergente de una sola vez; un 20% en bonos gubernamentales estables de países con historial sólido de cumplimiento y un 10% repartido entre oro y cripto como amortiguadores para los escenarios extremos. Eso es todo. Y no es poco. Cuando Vanguard comparó portafolios simples de dos o tres fondos contra portafolios complejos con docenas de posiciones, los simples rindieron mejor, porque los costos de transacción, las comisiones y los errores que cometemos al tomar demasiadas decisiones se van comiendo, año tras año, como vimos, cualquier ventaja teórica de la complejidad.[51] Menos piezas, menos cosas que se rompen, más cumbre.

La ruta *Equilibrada* parte de una premisa humilde sobre nuestra capacidad de anticipar. El mundo es grande y terriblemente impredecible, así que en lugar de apostar a saber qué va a funcionar, repartimos el peso entre regiones y naturalezas económicas distintas, confiando en que cuando una parte tropiece, otra esté avanzando. Asigna un 40% a acciones globales de mercados desarrollados, el núcleo estable, un 20% a mercados emergentes o sectores innovadores, donde está el crecimiento más rápido y más volátil, un 20% a bonos soberanos y corporativos de calidad como contrapeso defensivo, un 10% a inmuebles vía REITs, que se mueven a su propio ritmo y dos porciones de 5% en oro y cripto para las tormentas. Es una ruta sólida, ancha y difícil de romper, porque no depende de que alguna cosa salga bien. Si una sección de la montaña está intransitable, hay otras por donde seguir subiendo.

La ruta *Avanzada con Multiplicadores* es la cara empinada, ideal para quien quiere apostar al ritmo futuro de la economía global sin caer en la pura especulación. Mantiene un 50% en acciones globales amplias como ancla, como seguro de que si nos equivocamos en todo lo demás, el núcleo sigue el tranco del crecimiento del planeta, un 20% en sectores de la economía del futuro como inteligencia artificial, biotecnología, energía limpia o ciberseguridad, un 10% en mercados emergentes, un 10% en bonos de calidad como estabilizador interno y 5% en oro más 5% en cripto. Esta ruta puede ofrecer perspectivas que las otras no dan, superando a los índices tradicionales por márgenes amplios, pero exige un horizonte largo de más de diez años y el estómago para ver el portafolio caer, en un mal año, el doble que la ruta Equilibrada sin entrar

[51] Vanguard Research, *The Case for Low-Cost Index-Fund Investing* (Valley Forge, PA: Vanguard Group, 2019).

en pánico ni dar media vuelta. Si no tenemos aclimatación emocional, la podemos pasar mal.

EL ENCASTRE

Ya tenemos las rutas, pero falta decidir cuál es la nuestra. Vamos de nuevo a las firmas financieras que identificamos en I, porque son ellas, más que cualquier cálculo técnico, las que determinan qué diseño vamos a poder sostener cuando nieve en la montaña. El encastre es el momento en que todo el trabajo que hicimos converge. La firma de I, las metas de N, la visibilidad de V y el cuadrante de coordenadas de E se cruzan para señalar, entre las rutas posibles, la que efectivamente vamos a poder caminar.

El *Acumulador* tiende a estar cómodo en la ruta Minimalista y conviene que se quede ahí aunque sienta que podría más. Tiene ambición y capacidad de entender que técnicamente toleraría más volatilidad, pero su prioridad real es la serenidad. Cada oscilación del mercado le activa el sistema de alerta y le consume energía en vigilancia ansiosa. Necesita bajo ruido y revisiones espaciadas con un colchón de emergencia generoso que le permita dormir tranquilo. Con los años y cierta experiencia positiva, su firma puede madurar y habilitar una migración gradual hacia la ruta Equilibrada, pero ese movimiento tiene que nacer de él, cuando se sienta listo, nunca porque alguien le diga que está siendo demasiado cauto. Un Acumulador empujado a una ruta más agresiva de la que tolera probablemente salga corriendo.

El *Compensador* puede caminar la Minimalista o la Equilibrada, pero en su caso lo decisivo es cómo la implementa. Necesita un sistema que no le exija decisiones frecuentes, porque cada decisión tomada bajo estrés emocional es una oportunidad de error y el Compensador toma sus peores decisiones justamente cuando la montaña aprieta. La automatización tiene que ser extrema, a través de aportes mensuales automáticos, rebalanceo programado y, sobre todo, fricciones que frenen el impulso de vender en el peor momento. Esas fricciones pueden ser técnicas, como una plataforma que tarda días en procesar un retiro; procedimentales, como tener que llamar a un asesor y esperar cuarenta y ocho horas; o sociales, como comprometerse a consultarlo con alguien de confianza antes de ejecutar. Lo que sea. Cualquiera de ellas equivale a la cuerda que nos ata a un compañero. Está ahí porque en la pared, agotados y con miedo, cualquiera puede dar un paso en falso.

El *Evitador* necesita la versión más radical de la ruta Minimalista, la más simple que sea humanamente posible, con automatización total y una estructura que le permita olvidarse durante meses o años sin que pase nada grave. Un solo ETF global con aportes automáticos descontados de la cuenta bancaria le sirve infinitamente más que cualquier diseño Equilibrado de cinco instrumentos con revisión trimestral, porque el Evitador no va a hacer la revisión ni el rebalanceo. Simplemente lo va a postergar, después va a sentirse culpable por postergar y la culpa va a alimentar más evitación hasta que termine dejando todo. La simplicidad es condición de supervivencia. Si con el tiempo desarrolla verdadero interés, puede probar a sostener primero el Minimalista hasta que la ansiedad y la evitación se disuelvan y recién entonces evaluar si suma complejidad. Siempre con calma para que no sature.

El *Controlador* es la paradoja del grupo. Tiene capacidad cognitiva de sobra para manejar la ruta Equilibrada o incluso la Avanzada, así como para entender instrumentos complejos y procesar información muy sofisticada. Su problema, en rigor, es el exceso, porque una vez que entiende algo, no puede dejar de vigilarlo. Si elige la ruta Avanzada con sectores temáticos, va a terminar pasando horas por semana leyendo reportes de biotecnología y analizando tendencias de inteligencia artificial, hasta agotarse. Paradójicamente, suele necesitar un diseño más simple del que técnicamente podría sostener, con reglas explícitas para cada situación que le ahorren el juicio discrecional permanente. La optimización técnica casi nunca compensa el costo del agotamiento que le genera. Conviene que repita, como un mantra, que la cumbre no se gana mirando el GPS cada cinco minutos.

El *Optimista* puede sostener la ruta Avanzada o la Equilibrada con sesgo al crecimiento. De hecho la disfruta. Tolera muy bien la volatilidad y pensar en el futuro lo energiza en lugar de angustiarlo.

Pero ya conocemos su talón de Aquiles: asume que todo va a salir bien cuando estadísticamente no suele ser así. El encastre correcto en su caso combina un diseño técnicamente ambicioso con límites externos firmes, es decir, escenarios que contemplen explícitamente el fracaso y topes máximos de exposición a sectores especulativos fijados de antemano junto con evaluaciones basadas en el flujo de caja que efectivamente tiene, nunca en ingresos futuros inciertos. El Optimista es el montañista capaz de subir a las grandes cumbres y postear fotos apoteóticas, pero también el que muere en el descenso por haber gastado todo en la subida convencido de que bajar sería fácil. Nunca debe olvidar las barandas que lo mantienen en la ruta.

El *Protector* puede elegir la Minimalista o la Equilibrada, pero con dos condiciones innegociables de liquidez suficiente para poder ayudar a otros sin desarmar el portafolio principal y un fondo de rescate separado, con límite claro y definido de antemano, destinado exactamente a eso. Sin esa estructura, el Protector va a desmantelar su propia inversión cada vez que alguien cercano necesite ayuda o quiera apoyar algún proyecto, porque para él la necesidad ajena y el lugar en los grupos pesa más que su futuro abstracto. Puede sostener un diseño más agresivo siempre que la liquidez esté garantizada, pero cualquier esquema con activos bloqueados durante años le resulta inviable, porque sabe que el día que alguien lo necesite o pueda brillar con su contribución no va a poder contenerse y entonces va a romper lo que sea. Diseñar contemplando esa certeza es pura estrategia.

Repitamos de nuevo que las firmas no son condenas. El Método INVERSO no trata los patrones psicológicos como rasgos fijos que nos definen para siempre e invita, en cambio, a reconocer y amigarse con el diseño que nuestra mente puede sostener hoy, sabiendo que el mañana puede abrir caminos que hoy parecen fuera de alcance.

5. PRENDIENDO EL MOTOR

Todo lo que vinimos haciendo, desde entender la filosofía de portafolio hasta el encastre entre firma y ruta, junto con los rasgos de cada arquitectura, son actos intelectuales que ocurren en estado de calma, sentados con un café, mientras la vida coopera. Empezar a subir y sostener el ascenso, en cambio, ocurre en medio de la vida real, con el trabajo que aprieta, los hijos que no duermen, lidiando con facturas inesperadamente altas y noticias de colapso del mercado. La montaña en el mapa de la pared en casa se parece poco a la que vemos colgados de ella con viento. Lo que sigue traduce el plan en los primeros pasos concretos, preparándonos para sostenerlos cuando el clima cambie.

Lo primero es *separar lo que no se invierte*. Antes de poner un peso en el mercado, hay que hacer la operación inversa e identificar el dinero que se queda en el campamento base, al margen de toda operación. El fondo de emergencia, los gastos previsibles del próximo año y las cuotas comprometidas no se tocan. Invertir exige que el capital pueda esperar, fluctuar y atravesar períodos de caída sin que eso sea un desastre cotidiano. Si subimos a la pared con el dinero que necesitamos para vivir, la primera tormenta nos va a obligar a bajar en el peor momento, porque no tenemos opción.

El segundo paso es *elegir una plataforma que aburra*. El inicio no es momento de demostrar destreza técnica. Necesitamos una plataforma regulada donde el dinero esté protegido por fondos de garantía, con una interfaz clara que nos deje entender qué estamos comprando. Más todavía, elijamos un diseño que no nos invite a mirar ni operar todo el tiempo. Muchas plataformas, lejos de ser neutrales, nos bombardean con notificaciones sobre cada movimiento del mercado y comparaciones con otros inversores que generan envidia para que operemos más y paguemos más comisiones. Otras, sin embargo, cultivan un aburrimiento saludable. Vanguard lo hizo durante décadas porque el entretenimiento es enemigo del resultado y diseñó una experiencia de usuario casi arcaica en su simplicidad. Si la plataforma nos entretiene, estamos operando demasiado. En realidad, una plataforma que nos aburre es una plataforma que nos protege.

En tercer lugar, tenemos que *reconocer desde dónde operamos*. Toda estrategia se piensa con categorías universales pero se ejecuta desde un lugar concreto, es decir, un país, una moneda, un sistema legal y una cultura financiera. No es lo mismo Suiza que Bolivia, aunque los principios sean formalmente los mismos. La inflación crónica, los controles de capital, la inestabilidad regulatoria, la facilidad o dificultad de acceder a mercados globales condicionan qué instrumentos son viables. Antes de elegirlos conviene preguntarse dónde está la mayor fuente de incertidumbre. Si la respuesta apunta al país, la diversificación transnacional es la decisión lógica para no plantar todos los campamentos en la misma ladera inestable.

El cuarto paso es *empezar con un monto que enseñe*. El primer dinero que invertimos cumple una función más pedagógica que financiera. Nos muestra cómo reaccionamos de verdad cuando un número que representa nuestro dinero baja un diez por ciento un martes por la mañana. Si la primera caída nos produce demasiada ansiedad, el monto es excesivo para esta fase. Si no nos provoca siquiera curiosidad, no vamos a aprender nada. El monto pedagógico es una inversión en autoconocimiento, porque nos dice qué pasa cuando las cosas se ponen difíciles y cuánta energía nos consume mirar. Como la salida de aclimatación antes del ascenso, nos hace subir un poco, bajar y observar cómo respondió el cuerpo a la altura. Con esa información vamos a calibrar mucho mejor la ruta definitiva.

El quinto paso consiste en *establecer el ritmo y protegerlo*. La mayoría de las personas se obsesiona con los instrumentos y descuida la regularidad de los aportes. Invertir con una frecuencia clara y establecida de antemano transforma una decisión aislada en un sistema. Configurar una transferencia automática mensual de la cuenta al portafolio elimina cientos de microdecisiones fallidas. Como ventaja adicional, implementa automáticamente una estrategia conocida como *dollar-cost averaging*. Al invertir una suma fija en intervalos regulares, compramos más unidades cuando los precios están bajos y menos cuando están altos, reduciendo el riesgo de concentrar toda la inversión en un momento desfavorable sin necesidad de anticipar los movimientos del mercado.[52] Aportar

[52] Constantinides, G. M., "A Note on the Suboptimality of Dollar-Cost

poco todos los meses durante años construye más que aportar mucho una vez y después olvidarse, igual que en la montaña el paso corto y constante llega más arriba que el arranque heroico que nos deja sin aire a la media hora.

Finalmente lo más difícil: *aprender a no hacer nada*. Durante los primeros meses, y en realidad durante los primeros años, el mayor riesgo es intervenir. Cambiar de estrategia a los tres meses, vender porque leímos una noticia alarmante o rotar instrumentos porque alguien en una cena mencionó algo que "está subiendo mucho" destruye más valor que cualquier corrección. La investigación sobre comportamiento de inversores muestra, año tras año, que existe una brecha persistente entre el retorno que el mercado ofrece y el que los inversores realmente obtienen y esa brecha se explica en gran medida por decisiones de *timing*: entrar tarde y salir temprano, movidos por emociones que se disfrazan de análisis.[53] Evitemos el accidente en el descenso, cuando la euforia de haber llegado afloja la atención justo en el tramo donde más se la necesita.

En este punto el Motor INVERSO revela su sentido más profundo. Lo llamamos motor precisamente porque está diseñado para funcionar solo. Toma energía irregular, la del ingreso que sube y baja, la de nuestra atención que va y viene, la de nuestro ánimo que fluctúa con la vida, y la convierte en movimiento sostenido sin requerir que alguien esté empujando todo el tiempo. Todo lo que construimos en este capítulo (la separación del capital, la plataforma que aburre, el ritmo automático de aportes, el diseño ajustado a la firma) tuvo el único objetivo de que el sistema avance aunque nosotros, en un mal día, querramos detenerlo. "No hacer nada", en este sentido, es confiar en un mecanismo que diseñamos

---

Averaging as an Investment Policy", *Journal of Financial and Quantitative Analysis* 14, no. 2 (1979), 443–450. Si bien es técnicamente subóptimo respecto a la inversión de suma global, el dollar-cost averaging reduce volatilidad percibida y aumenta la probabilidad de que el inversor sostenga la estrategia, lo cual en la práctica compensa la diferencia teórica.

[53] El fenómeno se conoce como behavior gap. Morningstar lo documenta con metodología conservadora en su informe anual Mind the Gap: A Report on Investor Returns (Chicago: Morningstar, 2023).

con cuidado, en estado de calma, para que nos proteja en los momentos en que no estamos en condiciones de decidir.

*

Una estrategia puede ser impecable sobre el papel y deshacerse apenas toca la vida real. Mal que nos pese, las decisiones sobre el dinero casi nunca se toman en el momento ideal. Se toman en medio de peleas de pareja o justo cuando se derrumbó algo que creíamos firme. Ahí vuelven los impulsos de siempre, que no entienden de planes. El error es pensar que eso son excepciones, cuando es el clima normal de la montaña. Hasta acá armamos el plan de ascenso, leímos el terreno y desplegamos las fuerzas, pero la expedición se juzga por si todos vuelven. Lo que decide eso es lo que pasa cuando el tiempo se enrarece a cuatro mil metros. De eso se ocupa la R de Riesgos. Vamos a mirar el diseño el día que se complica, que es, tarde o temprano, casi cualquier día.

R

Riesgos Emocionales

La ilusión más peligrosa de los estudios conductuales consiste en creer que saber sobre sesgos cognitivos nos salva de ellos y reconocer la propia firma financiera la vuelve menos compulsiva. Hasta la arquitectura mejor pensada se fractura, por momentos, tironeada por lo que sabemos y lo que hacemos, lanzando por la borda en días lo que llevó años construir. Este capítulo da por sentado todo lo que hemos dicho sobre la identidad y los sesgos y se interna en los cinco eventos de alto riesgo emocional más destructivos, para que podamos reconocer su anatomía y las señales de alerta que siempre hay, además de protocolos para protegernos de ellos.

1. Los cinco eventos de alto riesgo emocional

Algunos eventos provocan malestar, pero son manejables, mientras que otros pueden arrastrarlo todo. La lista podría ser larga, porque la vida humana está llena de desafíos. ¿Cómo agotarlos? Sin embargo, los que siguen están a la cabeza de la mayoría de los colapsos que vemos en la práctica y por eso nos concentraremos en ellos.

Crisis personales agudas

Las crisis personales severas afectan la toma de decisiones y crean la necesidad de recuperar control sobre algo. Lo que sea. El portafolio de inversión se convierte así en el chivo expiatorio perfecto. Un divorcio, por ejemplo, puede convertirse en una guerra económica donde lo que fue diseñado para metas de largo plazo se despedaza, como un símbolo de todo lo que salió mal. El impulso de liquidar todo para "empezar de cero" sin nada compartido con el otro puede ser financieramente devastador. Las decisiones buscan terminar con el dolor lo antes posible sin proteger el futuro que todavía parece abstracto ante la patencia del dolor presente. Para complicar las cosas, las divisiones pretendidamente "justas" según criterios ajenos a lo financiero llevan muchas veces a aceptar acuerdos objetivamente malos.

El futuro queda igualmente en entredicho en el duelo, donde aparecen frecuentemente dos impulsos simultáneos y contradictorios. Por un lado, el de liquidar todo porque "ya nada importa". El dinero parece obsceno cuando acabamos de perder a alguien irreemplazable y gestionar inversiones parece trivial frente al vacío. Por otro, el impulso de hacer algo grande e inmediato con el dinero, algún gesto que honre a quien murió y transforme el dolor en acción visible suele volverse fuerte. Los dos tienen una lógica emocional profunda. Sin embargo, cuando el duelo madura, pueden verse como errores imposibles de deshacer.

De modo similar, una enfermedad grave, especialmente con diagnóstico reciente y pronóstico incierto, colapsa el horizonte. El portafolio pensado para veinte años deja de tener sentido en su forma original. Ajustar la estrategia para un horizonte más corto está bien, pero sin entrar en pánico y desarmar todo de inmediato, especialmente porque la mayoría de las enfermedades graves tienen trayectoria de meses o años donde se necesita liquidez parcial y escalonada. También es común que aparezca la tentación de tomar riesgos desproporcionados o inversiones desesperadas en terapias alternativas costosísimas. Cualquier cosa que prometa esperanza. El portafolio se convierte en fuente de financiamiento de esa desesperación y se puede destruir en semanas. En estos casos es claro que el dinero no es la prioridad, pero la vida es dura y atravesar una enfermedad sin dinero es todavía peor que si lo tenemos, con lo cual parte de la fortaleza de ánimo debe estar en no cometer errores que nos dejen todavía más vulnerables.

Sin esta severidad, la pérdida de empleo combina necesidad real de liquidez con pánico, que muchas veces sobreestima esa necesidad. Todo parece insuficiente y amenazante y en ese estado liquidar inversiones "por las dudas" parece lógico, aunque haya un colchón de emergencia que técnicamente cubre meses. Además de prematura, la liquidación puede darse en un mal momento, cristalizando pérdidas que el diseño podía absorber si se hubiera esperado, usando el colchón para emergencias, es decir, precisamente para estas situaciones.

Euforia colectiva

Las burbujas especulativas son un fenómeno estudiado al menos desde el tulipán holandés en 1637, cuando algunos bulbos raros alcanzaron precios extraordinarios y se convirtieron en objeto de intensa especulación. Desde entonces cambiaron los activos, de tulipanes a acciones, inmuebles, empresas puntocom o criptomonedas, pero la lógica sigue siendo la convicción de que siempre habrá alguien dispuesto a pagar más. En el último tiempo las claves de interpretación de este fenómeno variaron. Robert Shiller, quien recibió el Nobel de Economía en 2013 en parte por su trabajo sobre burbujas de activos, las describe como fenómenos sociales y narrativos donde las historias que sostenían esos números se vuelven temporalmente más convincentes que la realidad.[54] La característica definitoria de una burbuja es la disociación creciente entre

[54]Véanse Robert J. Shiller, Irrational Exuberance, 3rd ed. (Princeton: Princeton University Press, 2015); idem, Narrative Economics: How Stories Go Viral and Drive Major Economic Events (Princeton: Princeton University Press, 2019); e idem, "Narrative Economics," American Economic Review 107, no. 4 (2017): 967–1004.

valor y precio apoyada en una narrativa colectiva cada vez más elaborada sobre por qué "esta vez es diferente", usualmente validada con historias de éxito de gente que se volvió rica rápidamente. Son peligrosas obviamente porque colapsan, pero a la vez porque ejercen una presión psicológica difícil de resistir. Cuando hay una burbuja y decidimos no participar, el consenso social dice que estamos perdiendo una oportunidad histórica por cobardes e ignorantes de lo que está pasando.

Ya hablamos del arrepentimiento de omisión, que aparece cuando el tren se fue y sentimos que deberíamos haber subido. Aquí nos interesa un pariente cercano, el llamado FOMO, *fear of missing out*, que es el miedo anticipado a quedar afuera, a la manera de una comprensión generalizada de que otros están teniendo experiencias gratificantes de las que no participamos, habitualmente en correlación con insatisfacción y uso compulsivo de redes sociales.[55] En contexto de burbujas financieras, el FOMO está en su salsa. Arrecian las historias de éxito espectacular y en situación de incertidumbre miramos más qué hacen los otros antes de decidir. La sobreabundancia de información confirma la narrativa alcista y hay rechazo social al que expresa escepticismo. A medida que la burbuja avanza y más gente participa sin consecuencias negativas visibles, se pierde el criterio de qué es riesgoso.

La asimetría entre el dolor de las caídas y el dolor del FOMO durante burbujas juega un papel importante. Si la caída le sucede a todos, resulta un mal compartido, mientras que no participar implica aislamiento social. Elegir el mal de muchos a veces duele menos que quedarse solo y preferimos recuperarnos del golpe que pasar por la larga e insoportable sensación de mirar desde afuera.

Cada burbuja tiene una narrativa particular que la sostiene. Retrospectivamente puede parecer absurda, pero en el momento suena convincente incluso a personas inteligentes y sofisticadas. En la burbuja del Dot-com, entre 1995 y 2000, se decía que internet iba a transformar la economía, lo cual era cierto, y que por

[55]Andrew K. Przybylski et al., Motivational, emotional, and behavioral correlates of fear of missing out, Computers in Human Behavior, 29.4, 2013, 1841-1848.

tanto las métricas tradicionales de valuación ya no aplicaban, lo cual no era cierto. Así se justificaban valuaciones estratosféricas de empresas sin ganancias argumentando que estaban "capturando *market share*" en mercados que iban a explotar. En la de los inmuebles en USA en 2003-2007, se repetía que los precios de inmuebles nunca caían a nivel nacional, que era históricamente cierto, y que la innovación financiera mediante securitización había eliminado el riesgo distribuyéndolo. "Esta vez es diferente porque entendemos mejor el riesgo" fue la frase que antecedió al colapso más severo en décadas. En la burbuja de las criptomonedas las historias fueron mutando con el tiempo. Entre 2017 y 2021 se pasó de la promesa de que blockchain transformaría por completo el sistema financiero a la idea de que Bitcoin, gracias a su oferta limitada, funcionaría como refugio frente a la inflación y la expansión monetaria posterior a la pandemia. Lo inquietante es que estas narrativas contenían suficiente verdad como para ser persuasivas, pero nada de esto justificaba las valuaciones alocadas.

Distinguir entre burbuja y oportunidad legítima en tiempo real es difícil porque ambas comparten crecimiento rápido de precios, entusiasmo generalizado y narrativas sobre cambio estructural. Sin embargo, hay señales que se repiten en las burbujas históricas y si aparecen, conviene abrir los ojos.

Lo primero que suele verse es una *aceleración exponencial de precios.* Las oportunidades reales típicamente tienen crecimiento sostenido lineal o logarítmico cuando se mira en períodos largos. Las burbujas, en cambio, suben cada vez más rápido conforme se acercan al pico. Podemos notar, además, la *desconexión creciente entre precio y promedios históricos.* Esto no significa que todo vaya a colapsar mañana, pero el riesgo de colapso súbito se agranda cuando esto pasa. Es muy notorio además el *cambio en el perfil de los participantes.* Las burbujas en fase terminal se caracterizan por entrada masiva de participantes sin experiencia previa, que frecuentemente se endeudan para participar. Como suele decirse, cuando los taxistas nos dan consejos sobre acciones, hay una burbuja madura. En ese clima cada vez más enloquecido proliferan *instrumentos cada vez más complejos.* En cripto fueron *tokens* derivados, NFTs de NFTs. Cuando los instrumentos se vuelven incomprensibles incluso para participantes empapados en el tema, hay que agarrarse fuerte. La tormenta perfecta se arma cuando circula la *confianza en la excepción*. La idea de que "esta vez es diferente" aparece antes de cada crisis financiera mayor de los últimos ochocientos años.[56] Cuidado.

El protocolo anti-burbujas debería apuntar a una participación marginal deliberada que permita estar presente sin que el colapso eventual destruya nuestra arquitectura completa. La exposición no debería superar el 5-10% del portafolio, de modo que si colapsa produzca pérdidas absorbibles. Pero atención a un punto que es fácil pasar por alto: ese porcentaje no se suma a lo que ya destinamos a otros activos de la misma familia. Si antes reservamos, digamos, un 10% para oro y cripto como cobertura, este activo no abre un nuevo 5-10% por encima de aquel, sino que compite por el mismo espacio. Todos los activos especulativos y de cobertura (el oro, el bitcoin, esta apuesta y cualquier otra de riesgo alto) comparten un único presupuesto de riesgo dentro del 100% de la cartera.

La regla práctica es fijar primero un techo total para todo lo volátil junto, por ejemplo un 10 o 15% del portafolio, y recién después repartir ese techo entre los candidatos. Lo que protege la cartera no es el límite de cada activo por separado, sino el límite de la suma de todos ellos. De lo contrario, sumando porcentajes "razonables" uno por uno, terminaríamos con un cuarto de nuestro patrimonio en activos que pueden desplomarse a la vez, que es precisamente lo que estos límites buscan evitar. La participación debe salir de la porción especulativa del diseño, nunca del núcleo de acciones globales y bonos que sostienen la estabilidad.

Sobre todo, adoptemos una regla de salida mecánica decidida en frío. Obviamente, nunca hay que endeudarse para participar en burbujas. Esta regla no tiene excepciones. Finalmente, es inteligente consolidar las ganancias de burbujas integrándolas al núcleo conservador, a la manera de un golpe de suerte que probablemente no se repita. Si sucede, festejamos; si no, agradecemos a nuestro yo pasado no haberse dejado llevar.

---

[56]Reinhart, Carmen & Rogoff, Kenneth. (2009). This Time Is Different: Eight Centuries of Financial Folly. Princeton, 2009.

CRISIS DE MERCADO SEVERAS

Una corrección de mercado normal es distinta de una crisis sistémica, aunque esa diferencia frecuentemente no es visible hasta que es tarde. Las correcciones son parte del funcionamiento normal de mercados saludables, a la manera de ruido estadístico que se absorbe con el tiempo. Las crisis severas, en cambio, son eventos que ponen a prueba la estrategia y la capacidad de mantener nuestra fe en el sistema. Es normal, por otra parte, que algún sector o región trastabille y esto se propague gradualmente a otros, pero en una crisis sistémica el contagio es casi instantáneo a través de activos y geografías muy distintos. Por ejemplo, en 2008 la crisis empezó en hipotecas subprime estadounidenses y en semanas había alcanzado bancos europeos, mercados asiáticos y *commodities*.

Asimismo, en correcciones normales, aunque los activos caigan de precio, siguen siendo vendibles, mientras durante las crisis generales no hay compradores a ningún precio. Cuando se borra la confianza en la capacidad pago, desaparece la liquidez y hacen falta intervenciones de bancos centrales y gobiernos a gran escala con rescates bancarios, expansión monetaria extrema y vemos que se suspenden las reglas normales de mercado. Si hay rescates, no hay nada normal y la narrativa de quiebres y colapsos se arrastra hacia la profecía autocumplida de corridas bancarias y ventas de pánico. Nunca hay que menospreciar el efecto psicológico de estas crisis de mercado, especialmente porque nos cuesta recordar y anticipar correctamente cómo se sienten los estados emocionales intensos cuando no estamos en ellos.[57] Cuando estamos tranquilos, no accedemos a la sensación de pánico y cuando estamos en pánico, no podemos imaginar la certeza tranquila de que la locura va a pasar. Así, cada crisis se siente única y terminal mientras estamos dentro.

Sumemos el llamado "efecto de recencia", ampliamente estudiado en psicología cognitiva y finanzas conductuales, según el

---

[57] G. Loewenstein, Hot-Cold Empathy Gaps and Medical Decision Making. Health Psychology, 24.4, 2005.

cual los eventos más recientes reciben un peso desproporcionado en nuestras estimaciones de probabilidad. La avalancha de información negativa propia de las crisis nos tapa con escenarios adversos e impide visualizar horizontes más largos, aun cuando los datos históricos no justifiquen necesariamente ese nivel extremo de pesimismo.[58] Asimismo, esos mismos relatos catastróficos son abrumadores y podemos imaginar bancos quebrando, caos en las calles y depresión prolongada, pero no mecanismos técnicos de recuperación que involucran política monetaria compleja y coordinación internacional.

Esta combinación se advierte, por ejemplo, en la crisis del 2008. Ben Bernanke, presidente de la Fed, en su discurso de Jackson Hole, declaró que hubo momentos durante esas semanas donde no estaba seguro de que el sistema bancario fuera a seguir funcionando.[59] En la pandemia de 2020, el S&P 500 cayó 35% en aproximadamente en un mes, la caída más rápida en la historia moderna, motorizada por el contexto de incertidumbre sobre los plazos y las consecuencias. La recuperación del mercado en meses impulsada por la intervención masiva de bancos centrales y por el desarrollo de vacunas más rápido de lo anticipado no era predecible en marzo 2020.

Como protocolo, conviene tener reglas simples y mecánicas ejecutables bajo situación de pánico, especialmente, la de continuar con el plan previsto, incluyendo aportes y rebalanceos. Solo tres situaciones justifican modificar el portafolio: la necesidad real de liquidez por emergencia cuando el colchón se agotó, el cambio por un evento vital independiente de la crisis, o que psicológicamente el diseño se nos vuelva insostenible. Solo esas tres. Jamás

---

[58] Amos Tversky y Daniel Kahneman, "Availability: A Heuristic for Judging Frequency and Probability," Cognitive Psychology 5.2 (1973), 207–232. Véase también Ulrike Malmendier, "Experience Effects in Finance: Foundations, Applications, and Future Directions," European Finance Review 25.5 (2021) y Nihat Cakici et al., "Recency Bias and the Cross-Section of International Stock Returns," Journal of International Financial Markets, Institutions and Money 84.8 (2023).

[59] "Reflections on a year of crisis. Speech at the Federal Reserve Bank of Kansas City's Annual Economic Symposium", Jackson Hole, Wyoming. BIS Review 27/2009

porque perdimos dinero o todos venden. Si la ansiedad nos carcome, optemos por menos exposición a noticias para sobrellevar la tensión del momento. Recordemos que todo esto es un efecto de narrativa. Hay una sola razón adicional para actuar, pero toca solo a quienes tienen deudas. Puede convenir desendeudarse rápido para no quedar atrapado con posiciones grandes financiadas con préstamos que pueden explotar cuando el mercado se pone feo. Nada más.

¿Y la crisis como oportunidad? Comprar en estos momentos es una oportunidad real, pero solo con capital que no se necesita. Warren Buffett, el Oráculo de Omaha, hizo famosa la frase: "Sé temeroso cuando los demás son codiciosos y codicioso cuando los demás tienen miedo".[60] Suena bien y es estadísticamente es correcto, pero resulta dificilísimo de hacer. Sostener lo que tenemos y comprar pequeñas cantidades adicionales no está mal.

ÉXITO INESPERADO Y DINERO SÚBITO

Paradojalmente, recibir una suma grande de dinero inesperado a menudo resulta más destructivo financieramente que no recibirla, porque el dinero súbito desactiva los circuitos de prudencia normales y activa circuitos de procesamiento mal calibrados para decisiones de largo plazo. El caso de los ganadores de lotería es clásico. Entre 70 y 75%, independientemente del nivel educativo y la situación económica previa, terminan en peor situación financiera cinco años después de ganar. ¿Por qué? Usualmente ordenamos mentalmente el dinero según su origen y el dinero "gratis" que proviene de herencias, bonos, liquidaciones o ganancias especulativas se percibe como más disponible para el gasto que el dinero ganado mediante trabajo regular, aunque técnicamente tienen el mismo valor.[61]

---

60 "Letter to Shareholders", 2004 Annual Report. Berkshire Hathaway Inc., 2005.

61 Richard Thaler, "Mental Accounting and Consumer Choice", Marketing Science 4.3 (2005).

Esto dispara varios mecanismos conexos que se vuelven peligrosos. Para comenzar, el esfuerzo se desconecta de la recompensa y el dinero se gasta con ligereza porque no se siente como ganado duramente. Decretamos de golpe que es momento de disfrutar, a veces hasta gastarnos todo e incluso endeudarnos, presos de la ilusión de riqueza permanente. Los cambios se sienten como si fueran estados absolutos.[62] Un millón de dólares de golpe se siente como un cambio enorme, aunque no sea suficiente para cambiar de cuajo la trayectoria de alguien que necesita sostener gastos durante décadas. Sin embargo, la sensación subjetiva de riqueza transformadora nos abruma. Si sumamos la presión social de quienes esperan que compartamos la "suerte", se crea el caos que termina en la pérdida de estructura vital.

No gastar nada del dinero inesperado en los primeros seis meses, que es el plazo para que baje la euforia, el dinero se sienta normal y podamos evaluar las solicitudes de la gente cercana con más distancia, es una muy buena opción. Si no tenemos experiencia manejando sumas grandes, la consulta profesional es obligatoria, ya que nos permite sumar perspectivas de alguien sin interés emocional directo *antes* de tomar decisiones. Por otra parte, haríamos bien integrando una parte significativa del dinero súbito, idealmente entre 60 y 75%, al diseño de largo plazo como si fuera ahorro acumulado gradualmente. En lugar de tocarlo para gastos u "oportunidades" o prestarlo a familiares, lo invertimos en el portafolio de largo plazo. El resto puede usarse para cosas que mejoran nuestra calidad de vida, por ejemplo, eliminación de deudas caras o mejoras de vivienda.

Establecer un presupuesto para acciones generosas es útil. Hace que podamos distribuirlo con criterios claros y sin sentir culpa cuando ya no hay más. El dinero súbito tampoco se usa para asumir compromisos permanentes o de muy largo plazo. Por ejemplo, no se compra una casa significativamente más cara que la actual

---

[62] Daniel Kahneman y Amos Tversky, "Prospect Theory", Econometrica 47.2 (1979). Véanse Nicholas C. Barberis, "Thirty Years of Prospect Theory in Economics," Journal of Economic Perspectives 27.1 (2013), 173–196 y Michaela Pagel, "Expectations-Based Reference-Dependent Life-Cycle Consumption." The Review of Economic Studies, 84.2, 2017, 885–934.

con gastos de mantenimiento permanentes. Descartemos también la promesa de apoyos económicos indefinidos a familiares o el agregado de socios en negocios sin posibilidad clara de salida, generando expectativas en otros que después no se pueden sostener.

Los cambios de vida grandes deberían ocurrir después del período de prueba donde experimentamos cómo es vivir con menos ingreso regular y con más tiempo libre. Muchas personas descubren que lo que imaginaban querer cuando tuvieran dinero súbito no es realmente lo que querían, pero para entonces ya es tarde para deshacer los cambios.

Agotamiento prolongado

El *burnout* o agotamiento extremo es un riesgo emocional muy subestimado en finanzas personales, porque no depende del mercado ni de eventos económicos externos. Sin embargo, originado en la causa que sea, la saturación por desgaste gradual de recursos cognitivos y emocionales eventualmente colapsa nuestra capacidad de tomar cualquier decisión, incluidas las financieras. En consecuencia, capacidades como planificar, inhibir impulsos, evaluar consecuencias futuras y mantener múltiples consideraciones simultáneamente se deteriora a límites extremos.

Durante *burnout* suele haber un impulso poderoso de reducir frentes para bajar sobrecarga. En rigor, las inversiones bien diseñadas no son una fuente real de carga cognitiva, pero parecen serlo porque involucran dinero, que siempre se siente problemático. La simplificación real bajo *burnout* consiste en mantener sistemas que funcionen automáticamente y eliminar actividades que supongan decisiones frecuentes. Un portafolio bien diseñado con aportes automáticos y rebalanceo programado requiere mínima atención y liquidarlo, al contrario, aumenta la carga cognitiva porque ahora hay que decidir qué hacer con el efectivo y cuándo volver a invertir, todo eso mientras perdemos crecimiento potencial.

Esas acciones destructivas bajo *burnout* se disfrazan de prudencia y madurez, pero marran el blanco. La complejidad que nos agobia suele venir de otras áreas vitales, como el trabajo, las relaciones, las responsabilidades de cuidado o los problemas de salud, pero como son difíciles o imposibles de modificar en el corto plazo, el portafolio, que se modifica en minutos, lo usamos para sentir que recuperamos algún tipo de control. En estos casos, como en otros que vimos, conviene proteger lo ganado poniendo el portafolio en modo automático puro sin revisión. Literalmente conviene complicarnos a nosotros mismos el acceso a cuentas de inversión. Eso, por supuesto, no significa bloquearlas completamente, pero eliminar apps del teléfono o cancelar las notificaciones forman parte de una higiene de emergencia eficaz.

En estas circunstancias extremas los impulsos son típicamente momentáneos, de modo que diez o quince minutos pueden hacer la diferencia. Ante un impulso abrumador de simplificación, suele funcionar diseñarlo por escrito sin ejecutarlo, como quien escribe una carta de renuncia cuando está furioso, pero no la envía. El acto de escribir alivia y cuando pasa el estado agudo podemos revisar si realmente queremos renunciar. El ejemplo no es casual. La tentación de renunciar a trabajos en estas situaciones es poderosa, pero nunca se debe poner en riesgo el ingreso suficiente para cubrir gastos esenciales sin tocar inversiones. La salud mental es un tema serio donde conviene, si es necesario, buscar ayuda profesional. Mientras tanto, un buen protocolo ayuda a orientar la acción rápido sin destruir esfuerzo acumulado en el medio con una "arquitectura de protección anti-colapso".

Ulises atándose al mástil para poder escuchar a las sirenas sin enloquecer y destruirse es un ejemplo poderoso. Ulises entiende que, bajo la influencia del canto de esos seres maravillosos, su fuerza de voluntad va a flaquear e incluso volverse en su contra y por eso pide que lo amarren al mástil para limitar el alcance de sus impulsos. Jon Elster se valió de esta metáfora para ilustrar el *precompromiso*, es decir, el recurso de anticipar una futura debilidad y restringir nuestras opciones para proteger el largo plazo.[63] Esta intuición tiene un antecedente directo en la idea de *compromiso estratégico*, según el cual limitar voluntariamente la propia libertad futura

63 Jon Elster, Ulysses and the Sirens. Studies in Rationality and Irrationality, Cambridge, 1979.

puede ser racional cuando hay conflicto de intereses, incluso dentro del mismo individuo.[64] Más recientemente esta línea alimentó investigaciones sobre límites de gasto a través de aplicaciones que bloquean distracciones digitales o esquemas de ahorro con penalización por retiro anticipado.[65] Lejos de ser un cultismo literario, el gesto de Ulises se convirtió en un principio operativo del diseño conductual.

2. LA MATRIZ DE COHERENCIA

La Matriz de Coherencia tiene que ver con la evaluación de resultados, pero la examinamos a propósito de Riesgos Emocionales porque es ante todo una gran herramienta de alerta temprana que detecta la entrada en uno de los cinco eventos de alto riesgo evitándonos errores irreversibles. Detectar un incendio cuando todavía es controlable dista de encontrarlo cuando ya consumió la estructura. Más que para maximizar retornos, diseñada para promover la sostenibilidad de estrategias razonables.

La revisión en la que consiste la matriz de coherencia es por naturaleza poco frecuente, típicamente una o dos veces al año, salvo que haya señales legítimas para prestar atención, del tipo que ya hemos visto. Cambios vitales estructurales ameritan un parate y si aparecen señales de desacople entre diseño y realidad psicológica hay que analizar qué pasa, antes de caer en ventas impulsivas o arrebatos de especulación. Sin embargo, no deberíamos confundir esas señales con la mera ansiedad provocada por movimientos

---

[64] Thomas C. Schelling, The Strategy of Conflict, Cambridge, MA: Harvard University Press, 1960; Micromotives and Macrobehavior, New York: W. W. Norton, 1978 y Strategies of Commitment and Other Essays, Cambridge, MA: Harvard University Press, 2006.

[65] Katherine L. Milkman et al., "Holding the Hunger Games Hostage at the Gym: An Evaluation of Temptation Bundling," Management Science 60.2 (2014), 283–299; Richard H. Thaler et al., Nudge: The Final Edition, New Haven: Yale University Press, 2021 y Angela L. Duckworth et al., "Beyond Willpower: Strategies for Reducing Failures of Self-Control," Current Directions in Psychological Science 28.3 (2019), 199–205.

bruscos de mercado de corto plazo o la comparación con rendimientos declamados por nuestros conocidos que nos despiertan envidia o frustración. En ese momento debemos repetirnos que la estrategia de otro puede ser totalmente inapropiada para nosotros.

Supongamos que estamos en una revisión programada o identificamos una razón para adelantarla. La Matriz de Coherencia supone tres tipos de ajustes.

En primer lugar, el *rebalanceo técnico de proporciones del diseño.* Las proporciones del portafolio se desajustan solas. Por ejemplo, si diseñamos 60% en acciones globales y 40% en bonos, después de un año muy bueno donde las acciones subieron 25% y los bonos 3%, podemos terminar con 70-30%, lo cual aumenta el riesgo más allá de lo planeado. El rebalanceo técnico nos devuelve a las proporciones originales vendiendo lo que creció demasiado y comprando lo que creció menos o cayó. Suena simple, pero psicológicamente es dificilísimo porque nos exige vender ganadores en su momento de gloria para comprar perdedores.

Al ir contra la intuición, el rebalanceo forzado nos obliga a ejecutar mecánicamente la estrategia de comprar barato y vender caro, que es difícil de sostener manualmente. Hacerlo periódicamente aumenta retornos de largo plazo porque lo que se desvió mucho de su promedio tiende a retomarlo. Si subió, crece menos y si cayó, se recupera.[66] Una alarma de rebalanceo si algún activo se desvía más de un porcentual dado también es una opción razonable, si se entiende que implica ajustes marginales y no vender todo para después recomprar desde cero. Si aportamos dinero nuevo regularmente, usarlo para rebalancear comprando más de lo que está bajo evita los costos de vender y todo el malestar asociado.

En segundo lugar, el *rebalanceo conductual* puede ser todavía más importante que el técnico. Aquí importan los cambios de nuestra relación con el portafolio. Por ejemplo, si lo miramos más seguido,

---

66 William J. Bernstein, The Intelligent Asset Allocator: How to Build Your Portfolio to Maximize Returns and Minimize Risk, New York: McGraw-Hill, 2000 y Antti Ilmanen, Investing Amid Low Expected Returns: Making the Most When Markets Offer the Least, Hoboken, NJ: Wiley, 2022.

nos despertamos preocupados pensando en oscilaciones e inversiones, tuvimos un episodio de venta por pánico o algún artículo alarmista nos llevó a cambiar la estrategia, probablemente el diseño se volvió demasiado agresivo y convendría pensar en algo más conservador. También puede suceder que la ansiedad se diluya y el horizonte largo no cueste, revelando una madurez mayor de nuestra firma. Eso implica que los aspectos negativos se hacen más leves y manejables y podemos pensar en mayor exposición al crecimiento.

En tercer lugar, el *rebalanceo evaluativo*, que mira los números, llega al final y evita siempre compararse con ese amigo que la pegó o el influencer que postea ganancias espectaculares. La evaluación de ganancia o pérdida es un punto álgido, porque evaluar resultados esconde una trampa. La campeona mundial de póker Annie Duke la bautizó como *resulting*, es decir, juzgar por el resultado. Su ejemplo es del fútbol americano, pero sirve para cualquier decisión. En el Super Bowl de 2015, a segundos del final y a una yarda de ganar el campeonato, el entrenador de los Seahawks ordenó un pase en lugar de entregarle la pelota a su corredor estrella. El pase fue interceptado, su equipo perdió y la prensa al día siguiente lo crucificó. Se dijo que fue la peor decisión de la historia del Super Bowl. Sin embargo, Duke muestra que la decisión era buena. En las quince temporadas previas, un pase en esa situación se interceptaba apenas un 2% de las veces. Lo más probable era anotar o que el reloj se detuviera para intentarlo de nuevo. Si esa misma pelota se completaba, el entrenador era un genio táctico que había sorprendido a la defensa. La jugada era idéntica en los dos universos. Lo único que cambió fue cómo terminó. Eso significa que lo crucificaron por el resultado, no por la decisión.[67]

Eso es lo que la Matriz de Coherencia viene a evitar. Evaluar una inversión por cómo salió y no por cómo se decidió es el error que más nos impide aprender, porque premia decisiones imprudentes que tuvieron suerte y castiga decisiones sensatas que tuvieron mala fortuna. En los mercados, donde el azar pesa tanto en el

---

[67] Annie Duke, *Thinking in Bets: Making Smarter Decisions When You Don't Have All the Facts,* New York, Portfolio/Penguin, 2018.

resultado de corto plazo, confundir "me fue bien" con "decidí bien" puede llevar a aprender la lección equivocada. Por ese motivo el rebalanceo evaluativo pregunta si el resultado es razonable para el diseño que elegimos y el contexto que enfrentamos. Para sostener esa pregunta sin desviarnos hacia la celebración o el lamento, conviene atarse, como Ulises, al mástil de tres principios.

Ganar poco no es fallar. Una rentabilidad modesta puede ser el objetivo de un diseño conservador en ciertos períodos. Si nuestro diseño Minimalista subió poco cuando hubo acciones que subieron mucho, eso es el diseño protegiéndonos contra caídas futuras. Solo preguntamos si el resultado es razonable para el diseño que elegimos en el contexto que enfrentamos.

Perder no es por sí mismo una señal de problema. Toda estrategia ambiciosa tiene años negativos por pura regla estadística. Si la pérdida está en el rango aceptable y aun así nos afecta, el problema está en el encastre entre nuestra firma y el diseño y hay que corregirlo.

Ganar mucho es paradójicamente lo más peligroso. Cuando la estrategia rinde mucho aparece la ilusión de control y poder, que invita a concentrar riesgos y aumentar exposición con piezas defensivas insuficientes. Muchas carteras bien diseñadas se rompen en los períodos de éxito traicionados por la euforia. Ya hablamos de esto. Si ajustamos algo después de un buen resultado, debería ser solo para consolidar ganancias y reducir fragilidad.

Los tres rebalanceos marchan en círculo, alimentándose entre sí. El técnico devuelve la forma a la cartera, el conductual revisa si seguimos siendo quienes la diseñaron y el evaluativo juzga los números sin caer en la trampa del resultado. Con este detector de chispas, estamos a merced de menos incendios devastadores.

3. RECUPERACIÓN POST-ERROR

La mayoría de los libros de finanzas personales asumen que sus lectores van a seguir los consejos perfectamente y si cometen errores se pueden corregir fácilmente. Esa fantasía los hace inútiles. La verdad es que la mayoría de las personas que intentan sostener una estrategia de inversión de largo plazo la van a romper en algún momento. ¿Qué hacemos cuando, a pesar de todo lo anterior, cometimos el maldito error? Vamos en tres pasos.

Empezamos por *detener la hemorragia.* La reacción instintiva después de un error financiero costoso es intentar recuperar lo perdido inmediatamente, usualmente asumiendo más riesgo. Esto puede ser devastador y transformar un error único en una espiral del horror. La regla absoluta post-error es no tomar ninguna decisión nueva de inversión al menos por treinta días después de reconocer un error significativo. Con eso baja la actividad emocional y podemos procesar qué pasó desde el aprendizaje. Si vendimos en pánico, no compramos nada todavía; si perseguimos una burbuja y perdimos, no intentamos recuperarnos con nueva especulación. Simplemente ponemos lo que queda en lugar seguro, respiramos profundo y esperamos.

En este punto podemos *diagnosticar qué falló.* La narrativa típica apunta a la falta de disciplina y nos invita a clavarnos puñales. No lo hagamos. La idea de falla de carácter es terriblemente incompleta y contraproducente porque quita el ojo de la falla de sistema, es decir, la falta de protecciones adecuadas. Con toda calma hagamos las preguntas precisas:

¿En qué estado emocional estábamos cuando cometimos el error? ¿Pánico por caída de mercado, euforia por burbuja, agotamiento por *burnout*, desesperación por crisis personal o ilusión de abundancia por dinero súbito? Identificar el estado específico permite diseñar protección específica para que no pase de nuevo.

¿Qué señales de alarma aparecieron antes del error que ignoramos? Casi nunca el error aparece súbitamente sin precursores. Típicamente hay días o semanas de señales, como vigilancia compulsiva en aumento, conversaciones internas justificando intervención, tal vez búsqueda de confirmación o cualquier otra cosa inusual. Si identificamos esas señales retrospectivamente pueden ser la base de futuras alertas.

¿Qué protección del sistema falló o no existía? ¿Faltó fricción suficiente entre impulso y ejecución? ¿Teníamos una red de contención que pudiera frenarnos? ¿Había pre-compromiso claro sobre qué no hacer? ¿La automatización nos protegía contra decisiones manuales? Si no, podemos agregarlo.

¿El diseño era sostenible para nuestra firma real o meramente aspiracional? A veces el error revela que el diseño siempre fue demasiado agresivo para nuestra tolerancia real y eventualmente iba a colapsar bajo presión. En ese caso el error es información valiosísima para diseñar un diseño más conservador.

¿Había brecha entre horizonte necesario y horizonte sostenible que no reconocimos? Si el error fue vender durante una caída, aunque técnicamente no necesitábamos el dinero por diez años, eso probablemente indica que nuestro horizonte sostenible es más corto que nuestro horizonte necesario y el diseño necesita ajustarse para esa realidad.

También es necesario *perdonarnos sin minimizar.* Un extremo es flagelarse, convertir el error en evidencia de que somos incompetentes con el dinero y abandonar cualquier estrategia. El otro extremo es minimizar diciendo que no fue tan grave, lo cual bloquea el aprendizaje sobre la magnitud del error y las condiciones que lo produjeron. Hace falta un equilibrio entre ambos reconociendo que cometimos un error costoso, pero ese error no nos define ni descalifica. En lugar de decir que fallamos por debilidad, digamos que el sistema no tenía protecciones adecuadas, a la vez que asumimos la responsabilidad de diseño y nos enfocamos en lo modificable.

En este punto estamos listos para *reconstruir con arquitectura mejorada.* Agregamos protecciones estructurales alineadas con el tipo de riesgo emocional (fricción anti-intervención, pre-compromisos, etc.), para que el mismo error no pueda repetirse.

Finalmente, llega el momento de *volver gradualmente.* No hace falta hacerlo con todo para demostrar que aprendimos. El primer par de meses puede dedicarse al colchón de emergencia y activos ultra-conservadores sin crecimiento ni volatilidad visible, si es que el desastre fue tan grande que hasta esto quedó afectado. Esto permite recalibrar nuestra relación con dinero después del trauma del error sin exponerse a nuevas fuentes de estrés. Entre el tercero y el sexto podemos agregar exposición mínima a crecimiento y observar cuidadosamente cómo se siente. El resto del primer año vamos aumentando gradualmente hacia un diseño sostenible, probablemente más conservador que el diseño original que colapsó. Mejor avanzar lento y sostener que avanzar rápido y colapsar de nuevo. Después del año, avanzamos con la revisión del diseño que podemos sostener poniendo un ojo en lo que funcionó y lo que todavía falta por ajustar.

*

Cuando se reconoce el peso que tienen las emociones en las decisiones económicas, cambia también la idea de estabilidad. Un sistema es sólido porque puede sostenerse cuando la conducta no es perfecta y el entorno se vuelve adverso. La seguridad, en este sentido, consiste en construir márgenes que permitan que el conjunto no se derrumbe incluso si algo falla o cometemos un error. Nadie está exento. Antes de pensar en rendimiento o crecimiento, es necesario asegurar las condiciones básicas que hacen posible seguir decidiendo sin quedar atrapados en el pozo. Por eso el Método INVERSO dedica un paso específico a la seguridad, entendida como la base que custodia que todo lo demás funcione.

S

Seguridad

Cuando abrimos el celular y leemos el mensaje "detectamos actividad inusual en tu cuenta", sentimos una punzada lacerante y el miedo a perder dinero se mezcla con la sensación de quedar expuestos. Es una de las nuevas formas de la inseguridad. El modo de lidiar con ella es muy distinta de las formas tradicionales, que aseguraban ciertos bienes, tal vez la vida, o guardaban simplemente algo para emergencias confiando en que el trabajo, la familia o el Estado llegarían a tiempo para salvarnos si algo salía mal. Era un mundo más lento y estable en sus ritmos. Hoy el dinero ya no habita solo en una billetera o en una cuenta bancaria. Circula por nuestras identidades digitales, teléfonos, accesos, hábitos, contraseñas, expuestos todos a nuestras decisiones tomadas a las apuradas. Así, la seguridad financiera pasó a ser un ecosistema de riesgos donde los fraudes que pueden ocurrir mientras dormimos conviven con los viejos fantasmas, que siguen incólumes amenazándonos con gastos médicos inesperados, accidentes, muertes y un sistema previsional puede volverse insuficiente sin previo aviso. En este contexto, seguir pensando la seguridad financiera como una póliza aislada nos puede dejar a la deriva.

La seguridad es una arquitectura que reúne aspectos patrimoniales, psicológicos, tecnológicos y previsionales y requiere sistemas que absorban impactos para que los imprevistos no se conviertan en catástrofes personales. Pasamos, entonces, de los riesgos internos del capítulo anterior a los riesgos externos, para que si pasa algo malo nos encuentre con red.

1. PROTEGER LO QUE NO PODEMOS PERDER

Tradicionalmente los seguros fueron tratados como un trámite gris que se resolvía sin entusiasmo y se archivaba sin pensar. Sin embargo, vistos con un poco de distancia histórica, son una de las invenciones más refinadas de la inteligencia humana. Tal vez representen el intento más exitoso de domesticar al azar sin negar su existencia, con una comprensión sutil de la fragilidad. En la Babilonia del siglo XVIII a. C., el Código de Hammurabi ya contemplaba mecanismos que hoy llamaríamos "seguros". Por ejemplo, si un comerciante perdía su carga en el río, el prestamista debía condonar la deuda, distribuyendo el riesgo. Los griegos y fenicios perfeccionaron la idea y siglos después, en el Londres del siglo XVII, comerciantes y marineros se reunían en Lloyd's Coffee House para anotar qué barco aseguraban y por cuánto. Esas tratativas improvisadas son el origen de la industria aseguradora moderna, lo cual dice algo significativo sobre su naturaleza.

En rigor, en la cafetería de Edward Lloyd junto al Támesis se juntaban marinos y comerciantes a tomar café y, entre taza y taza, apostaban sobre qué barcos volverían y cuáles no. El que estaba dispuesto a cubrir la pérdida de un buque escribía su nombre debajo de la descripción del riesgo, y de esa firma "debajo" (*underwriting*) viene la palabra que todavía hoy usa la industria en inglés para suscribir un seguro. Tres siglos después, Lloyd's de Londres asegura satélites, plataformas petroleras y las cuerdas vocales de cantantes con la misma mecánica de la cafetería, es decir, alguien acepta cargar con el riesgo a cambio de una suma que pagamos para no tener que cargarlo solos. Cuando la White Star Line quiso asegurar al Titanic, lo hizo en Lloyd's, por un millón de libras solo el casco. La prima fue inusualmente barata y la razón registrada es que se trataba de un barco "insumergible". La etiqueta publicitaria abarató el seguro.[68] Tres meses después, los aseguradores pagaron el millón de libras en apenas treinta días. Los que lo habían construido con su dinero no confundían adjetivos de folleto con garantía, bien conscientes de que todo lo que flota puede hundirse.

La lógica no cambió en tres mil años, pero el entorno obviamente sí. Antes el foco estaba en tormentas y accidentes; hoy lidiamos, como dijimos, con fraudes digitales, hackeos, identidades clonadas, enfermedades de altísimo costo, sistemas previsionales frágiles, autos llenos de sensores y teléfonos que concentran más información sensible que una casa entera. En este contexto, más que un producto financiero un seguro es un exoesqueleto económico que nos sostiene cuando lo inesperado nos golpea.

El mundo asegurador también evolucionó. Existen ciberseguros personales que cubren robo de identidad, compras fraudulentas o extorsión digital, que en varios países europeos vienen incluidos en los seguros de hogar. Aparecieron los seguros *on-demand*, que se activan desde una app solo cuando los necesitamos, y los seguros basados en uso, donde pagamos según cómo manejamos o cuánto usamos un servicio. Incluso existen seguros paramétricos, que no evalúan daños sino eventos, por ejemplo, si llueve más de cierto umbral o si un vuelo se retrasa más de dos horas, sin peritos ni discusiones interminables. Ahora bien, la sofisticación no garantiza calidad. Abundan las pólizas inútiles con más exclusiones que coberturas y letra chica interminable. Vale recordar que si un seguro parece diseñado para confundir, seguramente sea a propósito. Eso no significa que no los necesitemos.

¿Pero cuáles son necesarios? Algunos seguros son opcionales y otros jamás lo son. Los recursos son limitados y es fácil gastar en seguros innecesarios mientras se descuidan los críticos. Entre estos últimos está la *cobertura de salud,* que protege simultáneamente la vida misma y la capacidad económica de sostenerla. A diferencia

---

[68] El Titanic y su gemelo fueron asegurados en enero de 1912 por doce meses sobre casco y maquinaria, con un valor de un millón de libras por barco, distribuido entre unas doce compañías y más de cincuenta sindicatos de Lloyd's. La prima fue de apenas 7.500 libras por buque, una tarifa notablemente baja. El dato proviene del registro histórico de Lloyd's of London, que conserva y exhibe el placement slip original (Lloyd's, "Lloyd's and the Titanic").

de otros eventos asegurables, la enfermedad grave no pregunta si estamos preparados ni nos da tiempo para reorganizarnos. La forma que toma esta protección y si necesitamos contratarla privadamente o la tenemos mediante sistema público varía radicalmente entre países. En países con sistemas públicos universales que funcionan relativamente bien, como Italia, España, Francia, Reino Unido, países nórdicos, Canadá o Australia, la pregunta pasa por la necesidad de un complemento privado. La mayoría de la gente en estos países no lo tiene y no lo necesita, porque el sistema público cubre todo lo necesario sin costo o con copagos mínimos y nadie queda en bancarrota por enfermarse.

El seguro privado en estos contextos es opcional y cubre cosas que el público no prioriza o evita listas de espera para procedimientos no urgentes, da acceso a habitación individual en lugar de compartida, consultas con especialistas específicos sin derivación, servicios de odontología, que frecuentemente está mal cubierta por el sistema público, o tratamientos experimentales no financiados estatalmente. Otorgan comodidad y por eso entran en la categoría de preferencia personal.

En países con sistemas públicos que existen, pero están crónicamente colapsados o son profundamente insuficientes, como ocurre en gran parte de Latinoamérica, regiones de Asia, África, y Europa del Este, los hospitales no tienen insumos, el equipamiento es obsoleto o está directamente roto y las esperas son larguísimas incluso para procedimientos urgentes, forzando a contratar seguros privados. En muchos de estos países existe además una capa intermedia de sistemas de seguro social obligatorio atados al empleo formal, como las obras sociales sindicales en Argentina, los institutos de seguridad social en México o sistemas similares. En este sistema fragmentado cada sindicato o sector laboral administra su propio subsistema de salud con calidad enormemente variable. Para el empleo formal son obligatorios y consumen un porcentaje significativo del salario mediante descuento automático, proveyendo cobertura que va desde razonablemente aceptable hasta, en muchísimos casos, completamente disfuncional.

Este modelo provoca la situación totalmente perversa de personas que pagan obligatoriamente por cobertura que no funciona mediante descuento de salario, pagan impuestos que financian el sistema público al que no acceden porque tampoco funciona y después pagan voluntariamente por cobertura privada que funciona un poco mejor, sosteniendo económicamente tres sistemas simultáneamente. Por supuesto, quien no tiene para sostener este show de sistemas es el que queda preso de las peores opciones. La solución, lamentablemente, no es individual. Estos modelos fragmentados deberían reformarse hacia un sistema público universal que funcione o hacia sistemas de seguro regulados donde todos tengan acceso a calidad mínima, pero mientras eso no ocurra, hay que navegar la realidad de sistemas mal diseñados.

En países sin sistema público universal, como Estados Unidos y partes significativas de Asia y África, la cobertura privada es la única opción disponible para la mayoría. Suele haber modos híbridos donde algunos grupos tienen cobertura pública, como los ancianos mediante Medicare y la población de muy bajos ingresos mediante Medicaid en Estados Unidos, pero la mayoría depende de seguro privado típicamente provisto por el empleador o contratado individualmente. La bancarrota por gastos médicos es un riesgo real, de modo que no tener cobertura es apostar literalmente la vida y el patrimonio ante una enfermedad. Incluso tener cobertura puede resultar insuficiente si tiene franquicias altas o copagos significativos junto con límites de cobertura que se agotan ante una enfermedad prolongada.

Si nuestra situación amerita la contratación de seguros de salid, la decisión sobre cuál contratar va más allá de comparar precios mensuales. La red de prestadores disponibles determina a qué especialistas y centros médicos podemos acceder y su calidad vale más que una prima baja con acceso limitado a prestadores mediocres o sobrecargados. Los copagos, franquicias y límites de cobertura pueden hacer que la cobertura contratada sea prácticamente inútil. A veces los requisitos son imposibles de cumplir, con primas que se acercan peligrosamente al valor del objeto asegurado. Hay que leer las pólizas en momentos de calma y no cuando en medio de una emergencia descubrimos que firmamos cualquier cosa.

¿Pero qué mirar? Además de las nóminas médicas, la agilidad en autorizaciones para procedimientos urgentes es relevante, porque puede ser la diferencia entre un tratamiento a tiempo y uno que llega demasiado tarde. La cobertura de enfermedades preexistentes también es crítica, porque un sistema que permite excluir condiciones que ya teníamos antes de contratar puede dejarnos sin protección precisamente ante lo que más necesitamos. La portabilidad, es decir, la capacidad de mantener cobertura si cambiamos de trabajo o de situación, evita brechas peligrosas. En general, la inclusión o exclusión de tratamientos de alta complejidad y medicamentos de última generación y la cobertura ante procedimientos experimentales que pueden ser única opción en casos graves determina si la cobertura realmente nos protege en los peores escenarios o solo en casos moderados. Necesitamos saber todo esto de antemano.

La tentación de tomar la cobertura mínima es poderosa y puede tener pleno sentido en contextos muy específicos de juventud, salud, ausencia de antecedentes médicos personales y familiares preocupantes, cuando no tenemos dependientes, contamos con un colchón de emergencia robusto y el sistema público funciona razonablemente como respaldo. Pero incluso en ese caso es una apuesta arriesgada, porque las enfermedades graves no discriminan por edad y un accidente le puede ocurrir a cualquiera. El momento en que descubrimos que la cobertura era insuficiente es el peor momento posible para cambiarla, porque ahora tenemos una condición preexistente que puede excluirse o encarecer dramáticamente la nueva cobertura. Todos conocemos los casos desesperantes de quienes descubren la importancia de la cuestión cuando están atados de manos. Independientemente del sistema de salud local, la regla funcional es que la cobertura debe poder sostener el peor escenario médico realista en nuestro contexto específico sin obligarnos a liquidar inversiones o endeudarnos de una manera que destruya nuestra arquitectura financiera completa.

Consideremos ahora el *seguro de vida*, que existe para reemplazar el ingreso que desaparece cuando morimos, de manera que las personas que dependen económicamente de nosotros puedan sostener su vida sin colapso. Si no hay nadie que dependa de nuestros ingresos, el seguro de vida probablemente no tiene sentido, pero es fundamental si los hay. Muchas veces los seguros de vida se venden como “inversión” o como “ahorro” mediante productos llamados seguros permanentes o de vida entera, que combinan protección con un componente de ahorro que crece con el tiempo y que teóricamente podemos rescatar. Esa combinación es casi siempre peor que comprar un seguro de vida temporal puro y separadamente invertir la diferencia de la prima en instrumentos apropiados, porque los seguros de vida permanentes tienen primas mucho más altas y cobran comisiones ocultas significativas. Además, el componente de inversión suele rendir menos que otras alternativas disponibles en el mercado. Pueden tener sentido en contextos de planificación patrimonial compleja con implicaciones fiscales específicas, pero ese no es el caso de la mayoría de nosotros.

El seguro de vida temporal, en cambio, es simple y barato. Pagamos una prima anual mientras el seguro está vigente, típicamente durante un período definido de diez, veinte o treinta años. Si morimos durante ese período, nuestros beneficiarios reciben la suma asegurada. Si no morimos, el seguro termina sin valor de rescate. Estamos pagando solo por la protección, no por una mezcla confusa de protección e inversión mediocre.

¿Pero cuánta cobertura necesitamos? Debería ser suficiente como para reemplazar nuestros ingresos durante el tiempo que nuestros dependientes los necesiten. Si tenemos hijos pequeños, puede ser veinte años o más. Si tenemos pareja sin ingresos propios, puede ser hasta que pueda generar ingresos o acceder a una jubilación. Si hay deudas grandes como hipotecas, la cobertura debería incluir un monto suficiente para saldarlas sin que esa carga caiga sobre los sobrevivientes, en el caso en que el seguro de vida no esté incluido en el préstamo. Digamos que debería ser entre cinco y diez veces el ingreso anual, ajustado según la cantidad de dependientes, la duración esperada de dependencia y la existencia de deudas mayores. Ahora bien, tan importante como contratar un seguro cuando hace falta es cancelarlo cuando ya no es necesario. Si los hijos crecieron y son independientes, si acumulamos patrimonio suficiente como para que nuestra muerte no genere crisis económica a quienes quedan o ya no tenemos dependientes, mantener un seguro de vida es un gasto innecesario.

Consideremos ahora la *responsabilidad civil*, que cubre daños que causamos a terceros, ya sea por accidente o fallas en cosas bajo nuestra responsabilidad. Nunca estamos exentos de atropellar a alguien, que nuestro perro muerda a un vecino o de causar un incendio que se propague a propiedades lindantes. Los montos involucrados en demandas por daños pueden ser mayores que el valor de los bienes que normalmente aseguramos y en muchas jurisdicciones, si somos encontrados responsables y no tenemos seguro, pueden embargarnos salarios o bienes o dejarnos en situación de deuda permanente.

La responsabilidad civil suele venir incluida en otros seguros, como el del auto, donde la parte contra terceros es la obligatoria, o de la casa. Si los límites incluidos en seguros básicos son bajos, existe la opción de contratar pólizas de responsabilidad civil personal adicional que se activa cuando se agotan los límites de las pólizas primarias. Esto sirve si tenemos patrimonio acumulado significativo que quedaría expuesto a demandas o si nuestras actividades aumentan el riesgo de responsabilidad civil, como en el caso de tener empleados domésticos, mascotas grandes o propiedades alquiladas a terceros.

Por su parte, el *seguro de hogar* protege la estructura física y el contenido, que se calculan de modo independiente. Para la estructura, se asegura el costo de reconstrucción, no el valor de mercado de la propiedad, porque ante destrucción el terreno no se ve afectado, mientras que en lugares donde la construcción es cara, el costo de reconstrucción puede exceder el valor de mercado. Lo que se cubre es cuánto costaría volver a tener una casa habitable equivalente. Respecto del contenido, el error más común es subestimar el valor de reponerlo *todo*. Un ejercicio útil es caminar por la casa estimando cuánto costaría reemplazar lo que hay en cada espacio. La suma total típicamente sorprende y suele ser un múltiplo de lo que inicialmente estimábamos. Usualmente el seguro de hogar cubre incendio, robo y también fenómenos climáticos, pero las exclusiones varían significativamente entre pólizas. Algunos eventos requieren cobertura adicional específica, como sucede con terremotos, inundaciones o actos de terrorismo. Si estos riesgos están, hay que verificar si hay cobertura adicional disponible y si su costo es razonable.

Si nuestros ingresos dependen de nuestra capacidad física o mental de trabajar y no tenemos patrimonio acumulado suficiente para sostenernos sin esos ingresos, el *seguro de incapacidad o invalidez* es tan crítico como el de vida. Así cubrimos la pérdida de ingresos si quedamos incapacitados de trabajar, ya sea temporal o permanentemente. En rigor, la probabilidad de quedar incapacitado durante la vida laboral es considerablemente mayor que la probabilidad de morir, pero la mayoría de las personas tienen seguro de vida y no tienen seguro de incapacidad, porque pensamos más en eventos dramáticos poco probables que en eventos probables menos dramáticos. Veamos un caso curioso. En 2008, el enólogo holandés Ilja Gort aseguró su sentido del olfato por cinco millones de euros. Gort vivía de hacer y catar vino en su viñedo de Burdeos y tomó la decisión después de enterarse de la noticia de un hombre que había perdido el olfato en un accidente de auto. La póliza traía una lista de cláusulas que prohibían a Gort boxear, andar en motocicleta o trabajar de asistente de lanzador de cuchillos (!).[69] Visto así, es la forma más pura del seguro de invalidez y la pregunta que podemos hacernos es por qué nosotros no aseguramos nuestra capacidad de trabajar, que es exactamente el mismo activo y nuestra fuente de ingreso. Más allá de la respuesta que nos demos, está muy bien hacerse alguna vez la pregunta.

La incapacidad temporal cubre períodos limitados de recuperación, mientras que la incapacidad permanente aplica cuando la capacidad laboral se pierde de manera irreversible. Algunas pólizas diferencian incapacidad total de incapacidad para realizar la ocupación específica, definición más generosa pero más cara. En muchos países integran los sistemas obligatorios de cobertura, ya sea mediante seguridad social o seguros laborales obligatorios. Estos sistemas típicamente cubren una fracción del ingreso, frecuente-

---

[69] El caso fue reportado por Associated Press el 18 de marzo de 2008 y registrado por Guinness World Records como "la nariz con mayor valor asegurado".

mente entre la mitad y dos tercios del salario, con definiciones restrictivas de qué cuenta como incapacidad.

Para trabajadores formales con estos beneficios, conviene verificar qué cubren exactamente, qué porcentaje del ingreso reemplazan, durante cuánto tiempo, bajo qué definición de incapacidad y si cubren solo accidentes laborales o también eventos fuera del trabajo. La decisión sobre contratar cobertura privada adicional, como en el caso de los seguros de salud, depende de la capacidad del sistema obligatorio, cuando existe, para sostener el nivel de vida necesario. El costo varía significativamente según nuestra edad y estado de salud, de modo que hay que hacer un balance entre la prima que podemos pagar y la cobertura que realmente nos protegería. Si solo reemplaza una fracción pequeña de nuestros ingresos puede ser inútil y si consume demasiados ingresos actuales se vuelve insostenible.

Más allá de los no negociables, hay seguros que son críticos para algunas personas e irrelevantes para otras por alguna situación particular. El *seguro de auto* es obligatorio como responsabilidad civil hacia terceros y cubre daños que causamos a otros vehículos, propiedades o personas, con opción de cobertura del vehículo propio. Si el auto vale poco y podríamos reponerlo con el colchón de emergencia o ahorrando durante pocos meses, el seguro contra daño propio probablemente no tiene sentido, pero cobra sentido si perderlo nos va a arrojar a una crisis. Lo que hay que evitar es mantener seguros completos de autos depreciados. Un auto nuevo justifica cobertura completa, pero después de años puede valer tan poco que el costo acumulado de primas excede el valor de reposición. En ese punto, conviene mantener solo responsabilidad civil y autoasegurarse el resto. ¿Y las franquicias? Ese monto que pagamos de nuestro bolsillo antes de que el seguro cubra es una herramienta para reducir primas, pero la decisión correcta depende de nuestro colchón de emergencia. Si es muy ajustado, una franquicia baja puede ser prudente, aunque cueste más.

Algunos trabajos generan riesgo específico de demandas por errores profesionales. Médicos, abogados, contadores, arquitectos, ingenieros, cualquier actividad donde nuestro consejo o trabajo puede causar daño económico o físico significativo a terceros. Para estas ocupaciones, el *seguro de responsabilidad profesional o mala praxis* no puede faltar. Los montos de demandas pueden ser altísimos y exceder largamente cualquier patrimonio personal acumulado. A diferencia de otros seguros donde podemos autosegurar parte del riesgo, aquí la magnitud lo hace inviable para la mayoría. Si ejercemos una profesión con este tipo de riesgo y no tenemos cobertura, estamos apostando nuestro patrimonio completo cada vez que trabajamos.

Ahora bien, tan importante como saber qué asegurar es saber qué no asegurar. Hay una categoría completa de seguros que estadísticamente son pérdida casi segura de dinero. Los *seguros de electrodomésticos o garantías extendidas* que se ofrecen al comprar productos electrónicos son un ejemplo clásico. Estos seguros son enormemente rentables para quienes los venden precisamente porque son un pésimo negocio para quienes los compran. El costo de la garantía extendida puede ser una fracción atendible del precio del producto y la probabilidad de que falle justo después de vencer la garantía del fabricante es baja. Estadísticamente, si compramos estos seguros sistemáticamente, vamos a gastar más en primas que lo que ahorraríamos en reparaciones.

Asimismo, los *microseguros* que se ofrecen rutinariamente, como seguro de compra con tarjeta, seguro de equipaje en aeropuerto, seguro de alquiler de auto cuando ya tenemos cobertura en el seguro personal, son típicamente redundantes o cubren riesgos tan pequeños que deberían autoasegurarse. El costo agregado de todos estos microseguros puede ser significativo sin agregar protección real. La regla funcional es que si el bien es lo suficientemente barato como para reponerlo sin afectar nuestra situación financiera, no deberíamos asegurarlo.

Junto a estas dos categorías tradicionales, aparecieron coberturas respondiendo a riesgos nuevos. Los *ciberseguros personales* cubren robo de identidad, compras fraudulentas con tus datos, extorsión digital y costo de restaurar identidad después de una brecha de datos. En varios países europeos esto viene incluido en seguros de hogar y en otros existe como producto separado. La decisión sobre si vale la pena depende de cuánta exposición digital tenemos y cuánta información sensible manejamos online. De eso nos ocuparemos en la sección siguiente.

Por su parte, los *seguros paramétricos* eliminan el proceso tradicional de evaluación de daños y son una alternativa eficiente. En lugar de involucrar peritos que determinen cuánto se perdió, estos seguros pagan automáticamente cuando ocurre un evento medible predefinido. Si llueve más de cierto umbral, un vuelo se retrasa más de determinadas horas o un terremoto supera cierta magnitud en una zona, se paga, reduciendo fricción, acelerando pagos y eliminando disputas sobre valuación de daños. Los *seguros on-demand,* por su parte, que se activan solo cuando se necesitan, usualmente mediante una app, son útiles para riesgos intermitentes. Si usamos un auto ocasionalmente, podemos activar la cobertura solo los días que manejamos, reduciendo costos respecto de la cobertura permanente.

Algo más sobre la letra chica. Los límites y sublímites definen hasta dónde llega realmente la protección. Una póliza puede tener una suma asegurada de cierto monto, pero después tener sublímites para categorías específicas que reducen totalmente la cobertura real. Por ejemplo, el seguro de hogar puede cubrir contenido por una suma grande, pero tener sublímite bajo para joyas, arte, o electrónicos, que son precisamente los objetos de mayor valor relativo. Asimismo, los plazos y procedimientos para reportar siniestros pueden invalidar la cobertura si no se cumplen. Algunas pólizas requieren que reportes de siniestro dentro de días específicos o se pierde el derecho a reclamo; otras requieren que no admitamos responsabilidad antes de consultar con aseguradora.

Hay que conocer esos requisitos y tener preparados protocolos básicos de acción. Es aburrido y parece que somos pájaros de mal agüero. ¿Por qué no estamos disfrutando de la tarde? Podemos hacerlo después de quince minutos a proteger lo que nos importa y a quienes nos importan. La seguridad tiene mala prensa, pero es amor concentrado. Necesitamos, entonces, protocolos simples para reportar inmediatamente a la aseguradora, sin importar cuán pequeño parezca el siniestro inicialmente. Conviene documentar todo de manera exhaustiva con fotos y eventuales testigos, sin reparar ni modificar nada antes de que aseguradora inspeccione. Hay que recordar no admitir responsabilidad ni firmar nada sin consultar con la aseguradora si el siniestro involucra terceros y mantener comunicación escrita con la aseguradora para crear registro.

Finalmente, los seguros están sujetos a revisión periódica, idealmente anual, para mantener la arquitectura de protección alineada con nuestra realidad. En ese momento controlamos básicamente cuatro cosas. Primero, si las sumas aseguradas siguen siendo apropiadas y el ingreso a reemplazar con el seguro de vida se ajusta a las responsabilidades familiares actuales. Segundo, si no hay redundancias entre múltiples coberturas superpuestas donde pagamos varias veces por lo mismo o brechas donde algo parecía cubierto y no lo está. Tercero, si los seguros siguen teniendo sentido, por ejemplo, un seguro de vida cuando los hijos crecieron y un seguro completo cuando el auto envejeció. Cuarto, si la comparación entre primas confirma la elección, dado que opciones mejores disponibles pueden ahorrar significativamente sin reducir protección.

La seguridad funciona mejor cuando se piensa con tiempo para comparar opciones y calibrar coberturas. Los seguros son de esas cosas que se contratan cuando no se necesitan y se necesitan cuando ya no se pueden contratar. No queremos llegar al momento de preguntarnos con angustia por qué no nos ocupamos de eso antes.

2. Identidad, datos y autoprotección digital

El robo de identidad existió siempre que hubo documentos que acrediten quiénes somos. Ahora cambió la escala y la invisibilidad. Antes había que falsificar físicamente un documento y hoy pueden robarnos la identidad digitalmente sin que nos demos cuenta durante meses y usarla para tomar créditos o cometer fraudes. Nuestra identidad financiera está fragmentada y es, por tanto, más fácil de copiar, por eso proteger nuestros datos no tiene nada de paranoia tecnológica y es parte de la gestión patrimonial responsable. Para dimensionar contra qué estamos jugando basta un solo dato. Cloudflare, la empresa que gestiona cerca de un quinto del tráfico de internet, bloquea más de 230 mil millones de amenazas por día.[70] No por año ni por mes. Por día. El detalle más curioso está en su naturaleza: el 94% de todos los intentos de inicio de sesión que observa esa red provienen de bots, no de personas. Casi todo el tráfico hostil del planeta es automatización probando, a velocidad de máquina, millones de contraseñas robadas en filtraciones anteriores. En lugar de un hacker encapuchado eligiéndonos, hay un programa que prueba contraseñas débiles contra diez millones de cuentas por las dudas. No seamos la puerta sin llave que un bot abre sin esfuerzo.

El fraude digital moderno hackea sistemas pero sobre todo convence personas aprovechando saturación emocional o miedo. El fraude OTP es hoy el delito financiero más exitoso del mundo. OTP significa *One Time Password*, ese código que te llega al celular y que en la práctica funciona como llave maestra de tu vida financiera. Los estafadores hacen que lo entreguemos. Alguien se hace pasar por el banco, una aerolínea o soporte técnico y avisan de un problema que hay que solucionar con urgencia. El sistema legítimo efectivamente envía un código y cuando lo compartimos el acceso cambia de manos. Indujeron nuestra cooperación.

Por su parte, el *phishing* evolucionó hasta volverse casi indistinguible de comunicaciones legítimas. Los emails y mensajes fraudulentos copian exactamente el formato, logos y tono de las instituciones reales. Las URLs son casi idénticas, por ejemplo, Google con cero en lugar de O o el nombre del banco con una letra adicional imperceptible a simple vista. Nunca debemos seguir links que llegan por email o mensajes, sin importar qué tan reales parezcan. Si dice que hay un problema, cerramos el mensaje, abrimos el navegador, vamos directamente al sitio que conocemos y verificamos desde ahí. Los segundos que perdemos en ese proceso extra son los que nos salvan.

Más inquietante aún es el crecimiento de *identidad sintética*, reconstruida con un número de documento real, una dirección posible, una fecha de nacimiento pública y otros datos inventados. El resultado es una persona que opera como nosotros y deja rastros.

---

[70] Cloudflare / Cloudforce One, *Cyber Threat Report 2026* (2026).

Es un tipo de fraude en crecimiento porque no dispara alarmas clásicas con víctimas que noten inmediatamente que algo falta. Sumemos los *deepfakes* de audio y video, que dejaron de ser una curiosidad técnica para convertirse en una verdadera herramienta criminal. Ya en 2019, *The Wall Street Journal* documentó que un directivo transfirió cientos de miles de euros tras una llamada que imitaba con precisión la voz de su CEO.[71] Entonces parecía ciencia ficción de nicho. Seis años después, la técnica se había vuelto a la vez más sofisticada.

En 2025, un grupo de empresarios italianos de primer nivel recibió llamadas de alguien que clonaba la voz del ministro de Defensa del país. El pedido era más que una transferencia corporativa rutinaria. Les pedía fondos para una operación secreta de rescate de periodistas secuestrados, que el Banco de Italia supuestamente reembolsaría. Al menos un empresario transfirió cerca de un millón de euros.[72] La diferencia entre los dos casos excede lo tecnológico. El primero explotaba la obediencia jerárquica; el segundo, el sentido del deber patriótico. El *deepfake* elige para cada víctima el resorte emocional exacto que desactiva la sospecha. La detección de estas manipulaciones requiere analizar microinconsistencias imperceptibles para el ojo humano. Empresas de verificación biométrica y organismos como el NIST trabajan en sistemas de identificación de esos desajustes, pero los bancos pueden permitirse ese despliegue, no nosotros al recibir una llamada telefónica.

Otra modalidad usual es el *SIM swapping*, un ataque que vulnera nuestra seguridad sin tocarnos. El delincuente convence a nuestra operadora de telefonía, mediante ingeniería social o empleados cómplices, de que transfiera nuestro número a una SIM que él controla. Una vez que tiene nuestro número, recibe todos los códigos de autenticación, OTPs y mensajes y puede resetear contraseñas y vaciar billeteras digitales. La protección es poner PIN en la SIM y

---

[71] Stupp, C. (2019, 30 de agosto). "Fraudsters Used AI to Mimic CEO's Voice in Unusual Cybercrime Case." *The Wall Street Journal.*

[72] El caso fue ampliamente reportado por la prensa internacional en febrero de 2025; entre otros, por *The Guardian* y agencias italianas, citando a la policía de Milán, que investigó la maniobra y logró bloquear parte de los fondos transferidos.

configurar con nuestra operadora alertas de cualquier intento de cambio de número o dispositivo. No es una garantía absoluta, pero introduce un obstáculo que detiene la mayoría de los intentos.

Las redes sociales se convirtieron en autopista del fraude moderno, porque concentran personas cansadas y expuestas a relatos de éxito inmediato a través de promesas de rendimientos imposibles, consultores inexistentes, tokens falsos y rarísimos préstamos sin requisitos. La mayoría de las estafas de inversión comienza en el feed. Al mismo tiempo, hay que contar con que las redes son fuente de información para ataques dirigidos. Publicamos dónde trabajamos, qué hacemos, con quién nos relacionamos, cuál fue el nombre de nuestra primera mascota... Esos datos que parecen inocuos son exactamente las respuestas a preguntas de seguridad que los bancos usan. Las encuestas virales y los juegos de "tu nombre de superhéroe es tu color favorito más tu primera calle", son frecuentemente minería de datos disfrazada de entretenimiento. No los juegues.

Todas estas variantes comparten el patrón de no dar tiempo, instigando urgencia y miedo. Si alguien nos pide actuar YA, cerramos y esperamos. Siempre es la respuesta correcta, porque ninguna operación real se arruina por una pausa y casi todas las estafas dependen de que no la tomemos.

Podemos facilitar esa pausa con un sistema mínimo de reducción de riesgo en tres pilares. El primer pilar reúne seis *medidas de seguridad informática mínimas*:

1. *Usar gestor de contraseñas* con una contraseña maestra larga que recordemos sin esfuerzo. Repetir claves vuelve vulnerable a todo el sistema. Las contraseñas revelan más de la psicología humana que muchos tratados juntos. Por ejemplo, la contraseña más usada del mundo, todos los años, es "123456".[73] Y estamos hablando de hoy, no de los noventa. Apareció más de veintiún millones de ve-

[73] NordPass, *Top 200 Most Common Passwords*, séptima edición anual (2025), elaborada junto con NordStellar a partir del análisis de filtraciones públicas y repositorios de la dark web entre septiembre de 2024 y septiembre de 2025, abarcando 44 países.

ces en las filtraciones del último año y encabeza la lista en seis de los últimos siete. Cuando no es esa, es "password", o "qwerty", las primeras teclas que la mano encuentra sola. Cualquier programa las descifra en menos de un segundo y sin embargo custodian millones de cuentas mientras leemos esto. Antes de culpar a los boomers, aclaremos que la Generación Z, criada con un teléfono en la mano, elige exactamente las mismas contraseñas que sus bisabuelos.

Esto pasa porque el cerebro detesta las contraseñas y las vive como un peaje entre nosotros y lo que queremos. A nadie le gustan los peajes y tratamos de pasar rápido con el camino más corto. ¿Quién no repite las contraseñas? Es comodísimo hasta el día en que filtran los datos de un foro al que entramos una vez en 2015 y con esa misma clave terminan abriendo nuestro correo y la app del banco. Reutilizar una contraseña es repartir copias de la llave de casa y rezar para que nadie las quiera usar. Tampoco falta el que pega su contraseña en un papel al monitor o la guarda con mucho cuidado en su cuaderno en el primer cajón del escritorio. A muchísimos les parece buena idea un archivo en la computadora con nombre... "contraseñas". Montamos un cifrado de grado militar y anotamos la clave en un post-it.

El verdadero espectáculo son las reglas de seguridad, esas que piden mayúscula, número y símbolo. Suenan rigurosas y no sirven para nada, porque todos las cumplimos igual. La mayúscula al principio, el número y el símbolo al final y el símbolo es un signo de exclamación, porque qué otra cosa iba a ser. "Password1!" cumple todos los requisitos del formulario y está entre las primeras cosas que prueba cualquiera que quiera entrar. Lo mejor es que el ingeniero que escribió esas reglas, un tal Bill Burr, salió a pedir disculpas en 2017 reconociendo que en lugar de volvernos impredecibles nos había alineado a todos en el mismo molde. Él mismo confesó que, cuando el sistema lo obligaba a renovar la clave, se limitaba a cambiar "password1" por "password2".[74] Cuando le pedimos al

[74] Robert McMillan en "The Man Who Wrote Those Password Rules Has a New Tip: N3v$r M1^d", *The Wall Street Journal*, 7 de agosto de 2017. Bill Burr, autor del documento *NIST Special Publication 800-63 Appendix A* (2003) que

cerebro que sea complejo, encuentra la manera más vaga de obedecer, que es lo que hacie siempre que puede.

2. *Activar autenticación multifactor* en todo lo que podamos, especialmente en mail, bancos y billeteras digitales. Esa barrera es real y la mayoría de los ataques caen ahí, porque al atacante no le conviene insistir cuando hay puertas más fáciles. Microsoft recibe más de 300 millones de intentos de acceso fraudulento por día y la enorme mayoría son bots que prueban contraseñas filtradas en masa. Frente a esa marea automatizada, el segundo factor es una pared y sin embargo solamente un tercio de los usuarios lo tiene activado. La mejor cerradura barata del mercado existe, es gratis y dos de cada tres personas no la usan...

3. *Usar el inicio de sesión único con criterio*. El "iniciar sesión con Google" o "con Apple" que ofrecen tantos sitios es lo que técnicamente se llama *single sign-on* o SSO, es decir, una sola identidad central para entrar a muchos servicios sin crear una contraseña nueva en cada uno. El protocolo que la hizo posible se desarrolló en el MIT en los años ochenta y se llama Kerberos, bautizado así por el perro de tres cabezas que guarda las puertas del Hades. Hoy esa criatura mitológica vigila, sin que lo advirtamos, buena parte de los accesos digitales del planeta.

La ventaja del SSO radica en menos contraseñas que inventar y recordar y menos cuentas zombi olvidadas en sitios que visitamos una vez. Como bonus, delegamos la seguridad de esa identidad en empresas que invierten muchísimo más que cualquiera de nosotros en protegerla. Nada es perfecto, así que la contracara es que que concentra el riesgo. Si alguien entra en nuestra cuenta de Google, tiene acceso libre a todo lo que conectamos a ella. El SSO es una buena idea solo si la cuenta central está blindada con todo lo demás de esta lista, sobre todo con segundo factor. Conviene usarlo para servicios de bajo riesgo y mantener credenciales separadas e independientes para lo más sensible, como el banco o el correo princi-

---

estandarizó las reglas de mayúscula, número, símbolo y cambio periódico, declaró al WSJ: "Buena parte de lo que hice ahora lo lamento". El NIST revisó por completo esas recomendaciones en 2017, eliminando la exigencia de caracteres especiales y el cambio obligatorio de contraseña.

pal, de modo que un solo punto de falla no abra todas las puertas a la vez.

3. *Migrar a passkeys*, que eliminan de raíz el problema de la contraseña robada. No se pueden copiar, reenviar o pescar con mail falso, dado que atan el acceso al dispositivo y a nuestra biometría. En lugar de un secreto que escribimos y que por tanto se puede robar, usan un par de claves criptográficas, donde una se guarda en el servicio y la otra nunca sale de nuestro dispositivo y se desbloquea con la huella o la cara, de modo que no hay nada interceptable. Apple, Google y Microsoft lanzaron el estándar en conjunto en 2022. Para 2025 Google ya superaba los 800 millones de cuentas con *passkeys* y Microsoft las activó por defecto en las cuentas nuevas. Además de más seguras, son más fáciles y la tasa de éxito al iniciar sesión ronda el 93% contra el 63% de los métodos tradicionales. Es una de las pocas mejoras tecnológicas que simplifican y protegen simultáneamente. Conviene, eso sí, no caer en el espejismo de la solución perfecta. Las *passkeys* son mucho más difíciles de robar que una contraseña, pero no vuelven la cuenta invulnerable.

El punto débil suele ser el proceso de recuperación de cuenta. Si para recuperar el acceso basta con contactar a una mesa de ayuda y responder preguntas cuyas respuestas están en nuestras redes sociales, de poco sirve la criptografía. Lo mismo ocurre cuando dejamos la contraseña vieja activa "por las dudas". Aunque ya no la usamos sigue siendo una puerta abierta.

4. *Mantener actualizados sistema operativo y aplicaciones*. Las actualizaciones de seguridad no son opcionales y las vulnerabilidades que corrigen son públicas una vez que se parchean, lo cual significa que los atacantes saben exactamente qué buscar en sistemas desactualizados. Cualquier dispositivo desactualizado es una puerta abierta con cartel. El caso emblemático es WannaCry en 2017, el ransomware que paralizó hospitales enteros del sistema de salud británico, fábricas y bancos en más de 150 países. Explotaba una vulnerabilidad de Windows para la que Microsoft había publicado el parche dos meses antes.[75]

[75] "What was the WannaCry ransomware attack?", Cloudflare.com.

5. *Cuidado con WiFi público.* Nunca tenemos que hacer operaciones bancarias o acceder a información sensible desde WiFi de cafés, hoteles o aeropuertos. Esas redes son trivialmente fáciles de interceptar. Hay una técnica con nombre propio, el "gemelo malvado" (*evil twin*), donde el atacante monta una red con un nombre creíble, del tipo "WiFi_Gratis", y simplemente espera a que la gente se conecte sola para interceptar todo lo que pasa por ahí. Basta ponerle un nombre confiable a una trampa. El riesgo de los puertos USB públicos de carga, el *juice jacking*, opera con cargadores manipulados que copian datos del teléfono mientras carga. Nunca deberíamos hacer operaciones bancarias ni tocar información sensible desde WiFi de cafés, hoteles o aeropuertos; si no hay alternativa, una VPN que encripte el tráfico. Para cargar, mejor el propio cargador en el enchufe que un puerto USB ajeno. Si no hay alternativa, tenemos que usar una VPN básica que encripte el tráfico.

6. *Configurar bloqueo remoto y borrado de dispositivos.* Si perdemos el celular o nos lo roban, poder bloquearlo remotamente y eventualmente borrar su contenido puede ser la diferencia entre inconveniente y desastre. *Find My iPhone*, *Find My Device* de Android y equivalentes deben estar activados. Para entender por qué este punto importa tanto, conviene escuchar a un ladrón. La periodista Joanna Stern, del *Wall Street Journal*, entrevistó en una cárcel de Minnesota a un integrante de una banda de robo de teléfonos, que confirma que no se trata de genios informáticos.[76] Al principio, dijo, solo robaba los teléfonos, hasta que entendió que el aparato valía poco comparado con lo que había adentro. Solo se paraba detrás de la víctima en un bar, miraba cómo tecleaba el código y recién entonces le robaba el teléfono. Con el código a la vista, lo desbloqueaba, cambiaba el PIN y la contraseña de la cuenta de Apple o Google, dejando afuera al dueño, sin acceso al rastreo remoto y sin posibilidad de bloquear el aparato ni borrar su contenido a distancia.

La lección es doble. Primero, tenemos que activar las herramientas de bloqueo y borrado remoto y entender cómo se usan

[76] Joanna Stern, "He Stole Hundreds of iPhones and Looted People's Life Savings. He Told Us How", The Wall Street Journal, 20/12/2023.

antes de necesitarlas, porque después del robo puede ser tarde. Si el ladrón llega primero a cambiar la contraseña de la cuenta, esas herramientas quedan fuera de nuestro alcance. Segundo, el código del teléfono es la llave de toda nuestra vida financiera. ¿Cuántas veces lo tecleamos en público sin pensarlo? Cubrir la pantalla al ingresarlo, usar reconocimiento facial o de huella en lugar del código numérico siempre que se pueda y no dejar contraseñas en las notas ni fotos de documentos sin protección, son gestos mínimos frente a un riesgo de todos los días.

El segundo pilar refiere a las *alertas tempranas.* Dedicar unos minutos por quincena para mirar movimientos bancarios y cargos de tarjetas para confirmar que reconocemos todas las compras es una muy buena costumbre, porque los fraudes graves casi siempre empiezan pequeños y se resuelven fácilmente si los detectamos pronto. Esto se hace sin análisis ni auditoría, entrenando el ojo para ver solamente si hay cosas raras. Podemos agregar herramientas automáticas con más capas de detección que nos alertan, por ejemplo, si alguien abre una cuenta a nuestro nombre o cambia información en nuestro historial. Así se detectan robos de identidad mucho antes de que lo podamos descubrir solos. En *HaveIBeenPwned* y servicios similares podemos verificar si nuestros datos ya aparecieron en brechas conocidas. Las empresas pierden información de clientes con regularidad inquietante y por eso el cuidado de las contraseñas es prioritario.

La historia de *HaveIBeenPwned* es elocuente. La creó en 2013 un investigador australiano como proyecto personal a raíz de la brecha de Adobe que ese año expuso 153 millones de cuentas. Arrancó con cinco filtraciones indexadas y hoy lleva registradas más de 845 brechas y unos 14.500 millones de cuentas comprometidas.[77] El nombre, "pwned", es jerga de internet por una deformación de *owned* ("dominado", "liquidado") nacida de un error de tipeo en los videojuegos, que pasó a significar algo así como "completamente liquidado". Que un herramienta de referencia se llame con un error de tecla de gamers dice bastante sobre la cultura de

[77] IT Brew, "More than 840 breaches later" (17 de enero de 2025).

origen. El sitio nunca recibe nuestra contraseña completa, ya que está diseñado con un sistema (llamado k-anonimato) en el que ni siquiera sus creadores pueden ver lo que tecleamos.

Como tercer pilar está la *reducción de exposición.* Los delincuentes no pueden usar lo que no existe y para eso hay que hacer desaparecer las puertas. Todo el tiempo dejamos de usar cuentas o tenemos instaladas apps que no usamos, cuando podemos eliminarlas y terminar con un problema potencial. Si una app pide más permisos de los que entendemos o necesitamos, podemos buscar otra y si una red social expone datos que no nos aportan nada real, conviene restringirla o eliminarla por pura economía del riesgo. Las llamadas "Collection" recopilan credenciales robadas que circulan en el mercado negro. Una sola de ellas, conocida como Collection #1, reunía más de 1.160 millones de combinaciones únicas de mail y contraseña provenientes de más de 2.000 bases de datos distintas. El mayor peligro viene de la suma de todos los sitios donde alguna vez dejamos un dato y que ya ni recordamos. Cada cuenta zombi que cerramos es una de esas puertas que dejamos de tener que defender.

A pesar de todo esto, nada garantiza que estemos totalmente a salvo y por eso un protocolo para hackeos y robos de identidad no viene mal. Un lugar donde tengamos a mano los datos puede salvarnos del rato oprobioso donde no nos acordamos contraseñas de nada y hacemos memoria inútilmente mientras sospechamos que están robándonos todo. Las primeras horas son críticas y ante cualquier transacción no autorizada o sospecha de que alguien tiene nuestras credenciales, conviene tener cubierto lo siguiente:

-*Cambio de contraseñas* de todas las cuentas comprometidas y de cualquier cuenta que usara la misma contraseña. Sí, de nuevo, un gestor de contraseñas ahorra el dolor de cabeza de no saber en cuántos lugares pusimos la misma contraseña vulnerada...

-*Contacto inmediato al banco* o instituciones financieras involucradas reportando las transacciones fraudulentas para bloquear tarjetas y congelar cuentas si es necesario. La mayoría de los bancos tienen protección contra fraude pero funcionan solo si llegamos rápido. Los plazos para reclamar son estrictos, frecuentemente entre días y pocas semanas.

-*Activación de alertas de fraude*, cuando es posible. En muchos países es posible congelar el crédito para impedir que se abran nuevas cuentas sin autorización y así detener el robo de identidad sintética en progreso.

-*Documentación completa* con capturas de pantalla de transacciones fraudulentas, emails sospechosos, mensajes, llamadas, charlas con instituciones y qué dijo cada una. Parece demasiado detectivesco, pero esa documentación puede ser la diferencia entre recuperar el dinero o no.

-*Denuncia policial*, si corresponde. Muchos bancos y servicios requieren número de denuncia para procesar reclamos por fraude. Además, si hubo robo de identidad, conviene dejar registro oficial.

-*Cambio de las respuestas a preguntas de seguridad.* Si el atacante tiene acceso a datos personales, probablemente puede adivinar o saber las respuestas a "nombre de tu primera mascota" o "ciudad donde naciste". Esas preguntas deben tratarse como contraseñas adicionales, no como datos públicos y no debería haber mundo posible donde las andemos declarando al viento.

La recuperación lleva tiempo, usualmente varios meses dedicados a solucionar problemas bancarios y recuperar control completo de todo. Con paciencia es posible, si seguimos los procesos correctamente y organizamos un buen plan de recuperación que incluya *backups* de la información crítica financiera con registro *offline* de cuentas importantes, números de contacto de bancos, claves de recuperación de servicios críticos, guardado en un lugar físico seguro separado de nuestros dispositivos digitales. Las claves de recuperación de gestores de contraseñas, de autenticación multifactor y por supuesto de de *wallets* de cripto, deben guardarse de manera que sobrevivan a la pérdida de dispositivos sin estar accesibles a cualquiera.

La mayoría de los ataques buscan el eslabón más débil. Se ve en un ejemplo famoso. En julio de 2020, las cuentas de Barack Obama, Joe Biden, Elon Musk, Bill Gates, Apple y una docena más de figuras tuitearon al mismo tiempo una estafa de bitcoin.

Parecía un hackeo de película y no fue más que un grupo liderado por un adolescente de 17 años que simplemente llamó por teléfono a empleados de Twitter haciéndose pasar por el soporte técnico interno de la empresa, diciendo que había un problema con la VPN. Era algo creíble, porque con el teletrabajo de la pandemia esos problemas eran constantes. Así convencieron a algún empleado de entregar sus credenciales.[78] Toda la operación empezó engañando a una persona cansada al teléfono.

Ese eslabón humano usualmente es el débil. Por eso, después de tanto hablar de riesgos e inseguridad, hablemos de proteger a otra persona. Puede ser alguien cercano, un adulto mayor, un familiar poco digital o un amigo descuidado a protegerse que se beneficiaría con la activación de multifactor o entender qué es un OTP, o más todavía, reconocer una estafa común. Las redes humanas siguen siendo el sistema de seguridad más confiable y ayudar nos hace mejores. Pero incluso si los argumentos morales nos tuercen el gesto, deberíamos hacerlo igual, porque cuidar a otros también refuerza nuestro propio sistema. Si nuestro círculo cercano tiene higiene digital básica, la probabilidad de que un ataque entre por ahí y eventualmente nos alcance se reduce.

3. Previsión y arquitectura de autonomía

Durante la segunda mitad del siglo XX, la jubilación funcionaba bajo una lógica simple en la cual numerosos trabajadores activos financiaban, mediante aportes obligatorios, prestaciones de jubilados menos numerosos con expectativa de vida acotada. El sistema era viable porque la relación entre aportantes y beneficiarios pasó a de virtuosa a desesperante por tres fenómenos simultáneos difíciles, por no imposibles, de neutralizar en una reforma legislativa aislada.

Por un lado, la *longevidad incrementada*. A mediados del siglo pasado, quien llegaba a los sesenta y cinco años en un país desarro-

---

[78] Departamento de Servicios Financieros del Estado de Nueva York, "Twitter Investigation Report" (2020), https://www.dfs.ny.gov/Twitter_Report.

llado podía esperar vivir, en promedio, unos trece o catorce años más. Hoy esa cifra supera los veinte y para quienes llegan en buena salud la probabilidad de cumplir noventa o más dejó de ser excepcional.[79] Es una de las mejores noticias de la historia humana. Ganamos casi una década de vida que nuestros abuelos no tuvieron, cosa que a veces se olvida cuando nos dejamos llevar por las críticas catastrofistas a la vida moderna, especialmente porque revela mejoras generales en condiciones de vida a nivel global. Sin embargo, lo que es magnífico en términos vitales es un problema en términos contables, porque el sistema de reparto se diseñó en una época en que la jubilación duraba poco.

Cuando Bismarck estableció en la Alemania de 1889 el primer sistema de pensiones estatal del mundo, fijó la edad de retiro en los setenta años, en un país donde la esperanza de vida rondaba los cuarenta y cinco. El sistema era brillante en parte porque pocos vivían lo suficiente para cobrarlo. Hoy la ecuación se invirtió y la gente cobra jubilación durante veinte, treinta y hasta cuarenta años, un tramo de vida tan largo como una carrera laboral entera. Cada generación de jubilados necesita financiamiento durante un período más extenso que la anterior. Así no hay sistema que resista.

El segundo fenómeno es la *transición demográfica hacia estructuras envejecidas*. Las tasas de fertilidad en las economías desarrolladas cayeron de manera sostenida por debajo del nivel de reemplazo, que se estima en torno a 2,1 hijos por mujer, el mínimo necesario para que una generación reemplace a la anterior. En la Unión Europea, ese número tocó en 2023 un mínimo histórico de 1,38 hijos por mujer, y en países como España o Malta cae por debajo de 1,1.[80] Si cada generación es más chica que la anterior, cada vez menos trabajadores activos deben sostener con sus aportes a cada vez más jubilados y la ratio entre entre aportantes y beneficiarios enloquece. En 1950 había más de siete personas en edad de trabajar por cada mayor de sesenta y cinco años en los países de la OCDE;

---

[79] OCDE, *Pensions at a Glance 2023* (París: OECD Publishing, 2023). El análisis económico de referencia sobre el impacto de la longevidad en los sistemas de reparto es Nicholas Barr y Peter Diamond, *Pension Reform: A Short Guide* (Oxford University Press, 2010)

[80] Eurostat, "Fertility statistics" (febrero de 2025)

hacia 1980 superaba las cinco; hoy ronda las cuatro y se proyecta que caiga a poco más de dos para mediados de siglo.[81] Un jubilado a sostener entre dos trabajadores activos… El modelo de reparto, que funcionaba como una cadena en la que los que entran sostienen a los que salen, se queda sin eslabones nuevos.

El tercer fenómeno es la *fragmentación de las trayectorias laborales.* El modelo de empleo continuo durante treinta y cinco o cuarenta años en la misma empresa o el mismo sector, sobre el cual se diseñaron los sistemas previsionales, se volvió una rareza. Las carreras actuales incluyen períodos de desempleo, saltos entre sectores, trabajo autónomo, empleo parcial, changas y migraciones que interrumpen los aportes. Todo eso reduce lo que los especialistas llaman la densidad de cotización, es decir, el porcentaje de la vida laboral durante el cual efectivamente se hicieron aportes.[82] Ahora bien, una densidad baja produce pensiones bajas aunque el sistema se mantenga formalmente solvente. Es decir, podemos haber trabajado toda la vida, sentir que cumplimos, y descubrir al jubilarnos que los años de informalidad, los meses sin aportar entre un trabajo y otro, las temporadas de monotributo o de trabajo en negro dejaron huecos que se traducen en una jubilación mucho menor de la esperada. El sistema no quiebra; simplemente paga poco, y el ajuste lo absorbe, en silencio, cada jubilado.

El World Economic Forum, en un informe de 2017 con el título nada tranquilizador de "Viviremos hasta los 100: ¿cómo lo pagamos?", proyectó que la brecha global entre lo que la gente tendrá ahorrado para jubilarse y lo que realmente necesitará podría alcanzar los 400 billones de dólares hacia 2050.[83] Esa cifra equivale a varias veces el PIB anual de todo el planeta. Ojalá fuera una bola de nieve lejana, pero el agujero crece a un ritmo de unos 28.000

---

81 OCDE, *Pensions at a Glance 2023* (París: OECD Publishing, 2023).

82 Organización Internacional del Trabajo, *World Social Protection Report 2020–22* (Ginebra: OIT, 2021). Para el caso latinoamericano, donde la informalidad agudiza el fenómeno, véase Mariano Bosch, Ángel Melguizo y Carmen Pagés, *Mejores pensiones, mejores trabajos* (Washington, DC: Banco Interamericano de Desarrollo, 2013).

83 World Economic Forum, *We'll Live to 100 – How Can We Afford It?*, white paper, mayo de 2017.

millones de dólares por día. El responsable del estudio en el WEF lo definió con una frase que se volvió célebre: el subfinanciamiento de las pensiones es "el equivalente financiero del cambio climático", un problema que todos ven venir, que empeora cada año que no se actúa y cuyo costo terminarán pagando nuestros hijos y nietos.[84]

Traducido a escala humana, el jubilado promedio de las grandes economías enfrentará un faltante cercano a los 250.000 dólares entre lo que tendrá y lo que necesitaría para sostener un estándar de vida digno durante el retiro. Las personas que se van a jubilar en 2050 ya nacieron y ya se pueden contar. Siempre podemos mirar para otro lado, pero la conclusión está ahí mirándonos a nosotros. La buena noticia es que esta discontinuidad no condena a nadie. Nos lleva, en cambio, a anticipar de un modo que las generaciones anteriores no necesitaban, apoyándonos en lo que suele describirse como un "banco de tres patas": el sistema público obligatorio, los planes asociados al empleo y el ahorro personal.[85] La imagen es útil porque explica por qué tanta gente siente que el piso se mueve. Durante décadas bastaba con que una pata, la estatal, sostuviera casi todo el peso. Hoy esa pata se acortó y un banco de tres patas con una sola firme no es muy estable que digamos. Veamos cada una.

La primera es el *sistema obligatorio* gestionado por el Estado o por instituciones reguladas. Nadie espera abundancia, pero debería garantizar un piso mínimo de protección. Según el país, puede operar por reparto (la generación activa financia las prestaciones de la pasiva), por capitalización individual (cada trabajador acumula en una cuenta propia) o por sistemas mixtos. En la mayoría de los contextos, debería estar entre el cuarenta y el sesenta por ciento del último salario. Como vimos, la tasa de reemplazo cayendo en picada lo vuelve cada vez más difícil. Quien dependa solo de él va a

[84] La frase corresponde a Michael Drexler, entonces director de sistemas financieros e infraestructura del World Economic Forum, citado en la presentación del informe de 2017.

[85] Larry DeWitt, "Research Note #1: Origins of the Three-Legged Stool Metaphor for Social Security", Social Security Administration, mayo de 1996, www.ssa.gov/history/stool.html.

sufrir al jubilarse una caída sensible de su nivel de vida. Complementarlo, entonces, dejó de ser una opción de previsores entusiastas para volverse una necesidad de cualquiera que aspire a conservar algo de autonomía financiera después de dejar de trabajar.

Para eso tenemos que informarnos de los vericuetos del sistema nacional propio, porque las diferencias son enormes. En países de reparto como España o Francia, la prestación depende de los años cotizados y del salario promedio de los últimos años de carrera. En países de capitalización individual como Chile o México, depende del capital acumulado en la cuenta personal y, sobre todo, de cómo se convierte ese capital en una renta al momento del retiro. En sistemas mixtos como Uruguay o Suecia, conviven un componente solidario y uno individual.

Cada uno está apoyado en filosofías distintas, que podríamos discutir hasta el hartazgo. La pregunta práctica, sin embargo, es muy concreta: ¿cuánto y cuándo va a pagar exactamente el nuestro? Muchos sistemas ofrecen hoy simuladores en línea donde uno carga los años cotizados proyectados y el salario esperado y obtiene una estimación de la prestación. Si no, se puede hacer un cálculo simple un poco a ojo partiendo de la "tasa de reemplazo", es decir, el porcentaje del salario que vamos a cobrar como jubilación. En la mayoría de los sistemas de reparto, ese porcentaje se ubica hoy entre el cuarenta y el sesenta por ciento del promedio de los últimos años de aporte y viene cayendo por las presiones demográficas que ya vimos. Una regla prudente, entonces, es asumir que el haber jubilatorio va a cubrir alrededor de la mitad de lo que ganábamos en actividad y construir la planificación sobre ese supuesto conservador. Si el sistema termina pagando más, mejor. El organismo previsional de cada país suele permitir consultar la historia laboral con los aportes registrados y con eso podemos afinar la estimación. Cuantos más años con aportes continuos, más cerca del techo de esa tasa; cuantos más huecos, más cerca del piso.

Por eso mismo, si llegamos a la edad de retiro con pocos años de aportes o con trayectorias muy fragmentadas no podemos confiar en la tasa de reemplazo sobre nuestro salario, porque seguramente vamos a cobran la jubilación mínima, un piso fijo que el Estado garantiza y suele estar muy por debajo de lo necesario para sostener el nivel de vida de nadie. Si el sistema solo va a garantizar un piso de subsistencia, todo lo que esté por encima de ese piso depende enteramente de lo que hayamos logrado ahorrar e invertir por fuera. Cuanto antes se reconozca esa realidad, más tiempo hay para hacer algo al respecto. En suma, si la tasa de reemplazo cubre el ochenta por ciento del gasto que proyectamos para la vejez, la brecha a llenar con ahorro propio es modesta y manejable. Si cubre el cuarenta o menos, la brecha es grande y exige empezar temprano, porque el único recurso verdaderamente escaso para cerrarla es el tiempo.

El segundo pilar es el *ahorro complementario voluntario*, canalizado por lo general mediante cuentas de retiro con ventajas fiscales o fondos de inversión, pensado para cerrar la brecha entre lo que el sistema obligatorio va a pagar y lo que realmente vamos a necesitar. Otra vez, el interés compuesto premia al tiempo por encima del monto. Contribuciones pequeñas sostenidas durante décadas superan fuerte y sistemáticamente a los aportes grandes esporádicos. Por ejemplo, quien empieza a los veinticinco años aportando una suma mensual moderada suele llegar al retiro con más capital que quien empieza a los treinta y cinco aportando el doble, porque esos diez años de ventaja se multiplican solos. Muy poéticamente, el recurso escaso de la jubilación es el tiempo y no se puede recuperar por mucho que se aporte.

En economías de alta inflación o inestabilidad crónica, la consigna de "ahorrar a largo plazo en moneda local" puede ser directamente destructiva. Ahí la planificación previsional privada pasa casi obligadamente por dolarizar o internacionalizar parte de los aportes y por instrumentos que preserven valor real, porque el primer objetivo es perder contra una moneda que se desintegra.

Los instrumentos para esto se volvieron mucho más accesibles y baratos, democratizando una planificación que antes requería un asesor caro. Para acumulación de largo plazo con vistas al retiro, hay tres tipos para mirar de cerca. Los *fondos indexados y ETFs de bajo costo*, que ya analizamos en E, son la base por su diversificación y sus comisiones mínimas. Los *target-date funds o fondos con fecha objetivo* son una variante pensada específicamente para el retiro. Elegimos el fondo con el año aproximado en que pesnamos jubilarnos y el fondo ajusta solo su composición con el tiempo, más agresivo al principio y más conservador a medida que se acerca la fecha, sin que haya que tocar nada. Por su parte, los *robo-advisors,* plataformas que arman y gestionan un portafolio diversificado a partir del perfil de riesgo, el horizonte y los objetivos declarados, son una opción razonable para quien quiere delegar la gestión sin pagar las comisiones de un asesor humano. Los tres permiten sostener el aporte sin que la falta de tiempo o de conocimiento técnico se vuelva una excusa para no empezar.

El tercer pilar está formado por los *ingresos complementarios sostenibles.* ¿Qué tal si desarrollamos fuentes de ingreso que no dependan del empleo formal y que puedan continuar durante el retiro? Lo que entra por esta vía no hace falta extraerlo del portafolio acumulado, lo cual alarga la vida del capital. Un retiro en el que se siguen generando ingresos, aunque sean pocos, es más robusto que uno que se limita a consumir lo ahorrado. Más allá de lo financiero, una proporción creciente de personas mayores de sesenta y cinco años mantiene alguna actividad económica parcial solamente por sentido. La inactividad total genera un vacío de propósito que deteriora la calidad de vida y, según numerosos estudios, la salud misma. A medida que el horizonte temporal se acorta las personas reorganizan sus prioridades hacia lo que tiene significado emocional y relacional, en lugar de hacia la acumulación o la expansión.[86] Para muchos, el trabajo elegido de bajo volumen y alta significación es una forma de seguir siendo alguien que hace algo que importa. En estas circunstancias lo deseable y lo conveniente coinciden, de modo tal que la actividad que sostiene el propósito es también la que sostiene el portafolio. Trabajar un poco en la vejez, cuando se elige y no se sufre, protege a la vez el alma y el capital.

La economía del conocimiento facilita esta modalidad de un modo impensable en la economía industrial, porque permite monetizar la experiencia acumulada sin necesidad de capital ni de estructuras empresariales pesadas, aprovechando una asimetría generacional muy concreta. Alguien con treinta o cuarenta años de

---

[86] Laura L. Carstensen, "The Influence of a Sense of Time on Human Development", *Science* 312, n.º 5782 (2006), 1913–1915.

oficio en sentido amplio, tanto el del abogado o el médico como el del ebanista, el ceramista, el cocinero, el luthier o el jardinero, posee un saber que las generaciones más jóvenes valoran y que no se adquiere en ningún programa de formación, porque solo lo da el tiempo. Esa asimetría crea oportunidades de mentoría, asesoría, enseñanza de taller, restauración, encargos selectos o consultoría, todas de carga horaria baja pero valor percibido mediano o alto, porque se pagan las décadas que hay detrás de ellas. No ocurre en todos los rubros, pero el universo en el que sí se da es amplio y abarca todo trabajo donde la pericia se afina con los años en lugar de gastarse, desde lo intelectual hasta lo manual y lo artístico. Construir esta opción requiere identificar, una década antes del retiro, qué habilidades propias tienen valor en formato reducido y empezar a construir reputación en ese nicho mediante una actividad complementaria gradual.

Conviene entender, además, que la trayectoria financiera avanza por fases, cada una con su propia lógica de oportunidad, su restricción operativa y su vulnerabilidad conductual.

Los veinte son la década del tiempo. Sobra y se desperdicia, porque a esa edad la jubilación es una abstracción remota y el sesgo del presente, que sobrevalora la gratificación inmediata, opera con toda su fuerza. ¿Por qué ocuparse de cosas de viejos? Sin embargo, empezar a ahorrar antes de los treinta exige entre un 30 y un 50% menos de aporte mensual que empezar después de los cuarenta para llegar al mismo capital a los sesenta y cinco, a igual rendimiento. A veces diez años de diferencia en la largada implican más del doble de resultado en la meta. La pregunta "¿para qué pensar en la jubilación a los veinticinco?" tiene una respuesta directa en dinero.

Los treinta suelen traer un salto de ingresos junto con una explosión de responsabilidades, Hijos, hipoteca, cuidado de los padres, más complejidad operativa y menos margen de maniobra lo cubren todo. El horizonte empieza, lentamente, a acortarse. Un error de inversión a los veinticinco tiene cuarenta años para diluirse; a los cuarenta le quedan muchos menos. Esta es la década de consolidar la posición saneando deuda, calibrando el riesgo, robusteciendo el fondo de emergencia, profesionalizando los seguros y empezando a sembrar los ingresos complementarios ligeros que se cosecharán mucho después.

Los cuarenta y los cincuenta encuentran a cada uno en un lugar muy distinto. Algunos llegan con dos décadas de ahorro sistemático y disfrutan del interés compuesto trabajando a su favor; otros llegan sin nada acumulado, con responsabilidades estructurales encima y un horizonte ya casi sin hilo en el carretel. Para quien arranca recién en este punto, la verdad es dura pero no hay que tomarla como una condena. Hará falta comprometer un esfuerzo de ahorro mucho mayor para compensar el tiempo perdido, del orden del 20 al 25% de los ingresos según los cálculos habituales. Si ese esfuerzo resulta insostenible, la respuesta es ajustar expectativas con realismo. Hay que aceptar que el retiro será distinto del imaginado y desplegar creatividad para construir esos ingresos complementarios que, a esta altura, dejan de ser un lujo y pasan a ser el eje del plan. Con un poco de optimismo, nunca es demasiado tarde para mejorar la posición.

Cuando llegamos a la década que va entre los 50 y los 60 años el retiro formal está a un paso y cambia la lógica del juego. La estrategia de acumulación heroica de capital ya no tiene mucho sentido. Ahora ordenamos los recursos disponibles. En concreto, conviene llegar al retiro sin deuda y virar hacia un portafolio más conservador, si es que ya no lo era, para reducir la la volatilidad. Debe haber mayor peso en renta fija y dividendos, porque a partir del retiro el patrimonio pasa a sostener en lugar de crecer. En general, como vimos, lo ideal es que algún tipo de ingreso vitalicio aporte una base relativamente estable y se combine con el capital acumulado.

Antes de avanzar, sumemos una advertencia que atraviesa todo lo demás, porque casi toda la teoría disponible sobre diseño de retiro nació en economías estables y el mundo no lo es de manera uniforme. Hay dos grandes realidades y las herramientas que sirven en una pueden ser inútiles o otra. Donde todo es estable, la planificación clásica funciona. Se puede ahorrar a largo plazo en moneda local sin que el valor se evapore, pero donde la inflación es alta o errática y las instituciones ya incumplieron sus promesas en el pasado, hay que buscar otra estrategia. La defensa central pasa a ser la elección de moneda y de jurisdicción. Internacionalizar una parte significativa del ahorro es una protección elemental. Quien vive en uno de estos contextos debe leer todo lo que sigue con esa traducción puesta, porque buena parte de lo que se escribe sobre planificación del retiro asume un mundo de empleo formal y aportes continuos.

Hecha esa salvedad, el diseño del retiro consiste en equilibrar unas pocas fuerzas que tiran en direcciones distintas, sabiendo que ninguna respuesta es fija. La primera tensión está entre el ingreso garantizado y el rendimiento incierto del capital. Cuanto más sólida sea la base vitalicia, más volatilidad podemos tolerar sin poner en riesgo la subsistencia, porque lo esencial ya está cubierto; cuando esa base es magra o pierde poder adquisitivo, el capital queda obligado a cubrir un porcentaje mayor del gasto y el margen de error se estrecha. Así, el mismo portafolio puede ser prudente para quien tiene una buena jubilación de fondo y temeraria para quien no.

De ahí se desprende la pregunta por cuánto se puede extraer cada año. Circula una referencia muy difundida, la "regla del 4%", que indica retirar inicialmente alrededor de ese porcentaje del capital, ajustándolo luego por inflación.[87] Sirve para ordenar la intuición, pero repetirla como mantra es un error, porque nació del mercado estadounidense del siglo XX, históricamente excepcional, y su validez depende de todo lo demás. Además, lo que determina si el capital sobrevive es el orden en que llegan los rendimientos. Una caída fuerte en los primeros años de retiro, justo cuando se empieza a extraer, hace mucho más daño que la misma caída una década después, porque se vende capital de un portafolio ya golpeado que no se recupera con el rebote. Un colchón de liquidez evita tener que vender en el peor momento.

A esto se suma la incógnita de cuánto vamos a vivir. Planificar para la expectativa promedio tiene una trampa, porque la mitad de

---

[87] La "regla del 4%" proviene de William P. Bengen, "Determining Withdrawal Rates Using Historical Data", *Journal of Financial Planning* (octubre de 1994), corroborada por el llamado "estudio Trinity" (Cooley, Hubbard y Walz, 1998).

la gente vive más que el promedio y quedarse sin recursos a los noventa porque las cuentas se hicieron para los ochenta y dos es un riesgo real. La forma clásica de acotarlo es entregar parte del capital a una aseguradora a cambio de una renta garantizada de por vida, asegurando el suelo y dejando libre el techo, pero esa herramienta depende, otra vez, de la aseguradora y la moneda. Si hay riesgo de quiebras y licuaciones, una renta en moneda local puede ser una falsa seguridad y conviene buscar ese piso de por vida por otras vías, como activos reales o instrumentos en moneda dura.

Por debajo de todo trabaja en silencio la erosión, que tiene dos caras. Los gastos de salud crecen con la edad y se disparan en los últimos años de vida, incluso donde el sistema público es robusto, porque siempre quedan agujeros que se pagan del bolsillo, como medicamentos caros, tratamientos no cubiertos, adaptaciones de la vivienda y sobre todo el cuidado de largo plazo, que es el gasto más subestimado de toda la vejez. La inflación, por su parte, como vimos en E, es una gotera lenta que en veinte o treinta años puede reducir a la mitad el poder de compra de una jubilación que parecía suficiente el día que comenzó. En suma, diseñar el retiro es construir algo que se sostenga bajo los escenarios plausibles del propio contexto sin exigir ajustes dramáticos cada vez que el mundo se mueve.

Agreguemos un aspecto duro que conviene mirar siempre de frente. La muerte, además de tantas cosas para los seres humanos, es también un evento financiero que requiere planificación. Parece un tema para patrimonios grandes, pero incluso si solo tenemos recursos moderados, podemos facilitar mucho la vida de nuestros seres amados. Organizar nuestro legado es un acto de amor. Otra vez, los sistemas legales varían entre países, haciendo inviables los protocolos universales. En lugares de tradición anglosajona como Estados Unidos, Reino Unido, Canadá o Australia, el testamento es el instrumento central que permite distribuir bienes según voluntad del fallecido con flexibilidad considerable. En ausencia de testamento, la distribución sigue leyes de sucesión intestada que pueden no coincidir con nuestras preferencias. En cambio, en países de tradición civilista, como la mayoría de Europa continental y

Latinoamérica, existe el concepto de "legítima" o herencia forzosa, es decir, una porción del patrimonio que debe ir obligatoriamente a ciertos herederos (típicamente hijos y cónyuge), limitando la libertad testamentaria.

Esto no significa que el testamento sea inútil en estos contextos, porque sirve para distribuir la porción de libre disposición según preferencias específicas, designar tutores para hijos menores si ambos padres fallecen, especificar cómo deben dividirse bienes específicos dentro de la legítima para evitar conflictos y expresar deseos sobre bienes no incluidos en la masa hereditaria. Además, permite manejar situaciones especiales que la legislación no contempla bien. Es el caso de hijos de distintas relaciones, parejas no formalizadas legalmente, deseo de dejar algo a una organización benéfica o beneficiarios que necesitan protección especial por discapacidad.

En muchos contextos, un testamento básico puede prepararse con asistencia de un abogado por un costo bajo. Según los países se pueden usar además de testamentos notariales más formales también testamentos ológrafos, es decir, escritos de puño y letra, y hay diferencias en cuanto a la posibilidad de testamentos abiertos o cerrados según nivel de privacidad deseado. En cualquier caso, sin obsesiones oscuras y en cualquier momento de la vida, conviene tener ese flanco cubierto, como parte de los mecanismos de seguridad para los nuestro.

Por otra parte, independientemente del sistema de sucesiones, algunos seguros permiten designar beneficiarios por fuera del testamento y de la sucesión, sin formar parte de la masa hereditaria. Estas designaciones deben revisarse periódicamente, especialmente después de eventos vitales mayores como matrimonio, divorcio, nacimiento de hijos o muerte de un beneficiario previamente designado. Los beneficiarios desactualizados generan conflictos legales que demoran la distribución durante años, como en los casos típicos del ex-cónyuge que sigue designado después de divorcio y recibe un seguro de vida cuantioso. Revisar designaciones toma quince minutos cada año o dos, mientras que corregir designaciones incorrectas después de la muerte puede sumir a nuestros herederos en años de litigio.

Asegurémonos además de que la documentación sea accesible. Quien queda necesita saber qué existe y dónde están las cuentas bancarias, inversiones, seguros, deudas, contraseñas críticas y contactos del asesor financiero o abogado. Mantener un documento actualizado con esta información en un lugar seguro conocido por una persona de confianza evita que los activos queden perdidos o inaccesibles durante meses.

Finalmente, las decisiones sobre legado no deberían ser una sorpresa póstuma. Conversar con los hijos adultos, la pareja o los beneficiarios sobre nuestras intenciones reduce los conflictos posteriores. Estas situaciones se ven bien en el cine, no en las familias reales. Comunicar criterios o qué se espera que se haga con ciertos activos permite hacer más llevadero un evento doloroso. Incluso frente a la finitud, que es inevitable, podemos actuar con entereza o como avestruces que esconden la cabeza.

*

Una vez asegurada la base, el problema vuelve a cambiar de escala. Además de proteger el patrimonio, debemos comprender cómo se relaciona este aspecto con el resto de los recursos que forman nuestra vida. El dinero es valioso, pero convive con el tiempo disponible, con el trabajo, la salud, los vínculos y los proyectos que consideramos más valiosos. El Método INVERSO comienza por nosotros y tiene que conducir de nuevo a nosotros, haciendo que la arquitectura financiera que construimos optimice la relación entre esos distintos aspectos de nuestra existencia. Cuando los pensamos por separado, el resultado suele ser tensión permanente, mientras que si los consideramos como partes de un mismo sistema, podemos coordinarlos como a una orquesta. A esa orquestación nos dedicaremos ahora.

O

Orquestación y capitales

Al comenzar, en el capítulo dedicado a la identidad financiera, miramos hacia atrás para preguntarnos cómo se había formado nuestra relación con el dinero y analizar qué mezcla de escenas familiares y narrativas invisibles habían modelado nuestras decisiones. De ese pasado el Método INVERSO nos transportó al presente para comprender dónde estamos y luego al futuro a través de las metas y las estrategias. A fin de cuentas, el presente es el tiempo que habitamos, entre la fuga al pasado de lo que ya no existe y la niebla de lo que todavía no ocurrió. Ese presente que se disfruta cuando tenemos una vida plena se da junto a otros. Más de dos milenios de filosofía han hurgado en estas regiones, pero como ciertas verdades profundas están, al mismo tiempo, bastante a la vista, podemos valernos de un par imágenes conocidas patentes en su simplicidad.

Una dice que la vida adulta está hecha de cuatro cosas: trabajo, familia, amigos y salud, entendida como ese tiempo que nos dedicamos a nosotros mismos para ejercicio o el descanso. Podemos sostener dos bien, tres más o menos y nunca las cuatro a la vez. Si nuestro trabajo es floreciente y estamos presentes para nuestra familia probablemente vemos pocos amigos y nuestro cuerpo anda bastante abandonado, mientras que si vamos al gimnasio a menudo y nos ocupamos de nuestros afectos y algo del trabajo, seguramente ya no tenemos la vida social que teníamos a los veinte. Las demás variantes se infieren fácilmente y reflejan la dificultad que todos tenemos para mantener el equilibrio. El tiempo y la energía son finitos y no hay dinero que los compre. Lo único que podemos hacer es meditar sobre la administración de estas dimensiones y morigerar la angustia permanente de estar siempre descuidando algo.

Parece una encerrona destinada a torturarnos, pero aquí viene la segunda imagen, que se atribuye a Brian Dyson, quien fue Director de Coca-Cola. La vida tiene mucho de hacer malabares, esta vez con cinco pelotas: el trabajo, la familia, la salud, los amigos y el espíritu, pero la novedad aquí está en que no todas son iguales. El trabajo es una pelota de goma y si se cae, rebota y vuelve a subir. Las otras cuatro, en cambio, son de vidrio. Si una de ellas se cae, se marca o se hace pedazos y nunca vuelve a ser exactamente la misma. La sabiduría consiste, entonces, en tener siempre presente cuál podemos dejar rebotar un tiempo y cuáles tenemos que sostener con alma y vida, buscando el mejor equilibrio posible, es decir, orquestando.

1. ORQUESTACIÓN PERSONAL

Comencemos con el título de este capítulo O. A todos nos suena la palabra "orquesta". Viene del mundo de la música y nombra la combinación de distintos instrumentos para producir un efecto que ninguno lograría por separado. Una sinfonía necesita un director que coordine violines, cellos, metales y percusión marcando el tiempo y la entrada de cada sección sin que ninguno acapare la atención por fuera del plan. Si lo hace bien, el resultado es bello.

La palabra migró a otros campos, siempre con la idea de una *coordinación compleja sin jerarquía rígida*, es decir, que prioriza el conjunto sin que ninguna parte usurpe el control. En biología molecular, por ejemplo, se habla de "orquestación génica" en referencia a los múltiples genes que se activan y desactivan en secuencias durante el desarrollo embrionario. Ningún gen individual "manda". Al contrario, el patrón emerge de la interacción, como en una orquesta. En arquitectura de sistemas digitales, la "orquestación de servicios" describe múltiples componentes de *software*, por ejemplo, bases de datos, APIs y servicios de autenticación, que hacer funcionar una aplicación sin control de un componente único.

Miremos ahora la vida financiera, recordando el equilibrio con pelotas en que pasamos la existencia. Paradójicamente, nuestro recorrido por las finanzas concluye afirmando que el dinero no debería dominar todas nuestras decisiones ni subordinar los demás recursos. En una vida bien llevada, el capital económico cumple su función promoviendo el mejoramiento de otras dimensiones. Orquestar una vida supone, entonces, ajustar sostenidamente distintos capitales. Pocas cosas son tan dañinas como la imagen de una carrera loca en pos de dinero para llegar a un punto nebuloso de riqueza donde descubrimos que somos infelices, porque el dinero era solo una parte.

El término "capitales" en plural viene de tradiciones intelectuales que señalaron que el mundo de lo que administramos no se comprende mirando solo la economía. Gary Becker, de la Escuela de Chicago y premio Nobel de 1992, planteó la teoría del capital humano, en la cual la educación, las habilidades y la experiencia son formas de capital en sentido estricto,[88] ya que requieren inversión de recursos, como el tiempo y el dinero, se acumulan, se deprecian con el tiempo si no se usan y también pueden producir retornos económicos concretos. La comprensión de fenómenos económicos se hace más amplia, ya que la situación de las personas sale del binarismo de tener o no dinero y revela en su lugar configuraciones distintas de capital humano.

Desde otra perspectiva, Pierre Bourdieu, el famoso sociólogo francés, fue más lejos, argumentando que reducir todo capital a dinero es un error que oculta el funcionamiento real de las sociedades.[89] El dinero y sus variantes forman el *capital económico*, pero también tenemos *capital cultural*, que incluye aspectos como el conocimiento, educación, familiaridad con códigos culturales e institucionales y credenciales que otros reconocen, y el *capital social*,

---

[88] Gary Becker, *Human Capital: A Theoretical and Empirical Analysis*, 3rd. de., Chicago, University of Chicago Press, 1993.

[89] Pierre Bourdieu, "The forms of capital", en John Richardson (ed.), Handbook of Theory and Research for the Sociology of Education, New York, Greemwood Press, 241-258.

conformado por las redes de relaciones que pueden facilitar oportunidades y sostienen nuestra reputación en la comunidad. La cuestión se pone interesante cuando notamos que estos capitales se convierten unos en otros. El capital económico puede comprar educación, que es capital cultural; el capital cultural permite acceder a espacios donde se construye capital social y el capital social nos da acceso a oportunidades que crean capital económico. Las biografías son una cuestión de configuraciones específicas de distintos capitales y capacidad de convertirlos estratégicamente.

Estudios empíricos posteriores confirmaron que las redes de confianza y reciprocidad tienen efectos económicos medibles.[90] Así, comunidades con alto capital social transidas por redes de colaboración y confianza tienen mejores resultados económicos que comunidades con bajo capital social, aunque tengan niveles similares de ingreso. El capital social es una infraestructura económica invisible que facilita transacciones y reduce costos porque multiplica oportunidades.

A estas tres formas de capital hay que sumarles dos dimensiones que la vida contemporánea volvió imposibles de ignorar, aunque no entran en el mismo plano que las anteriores. Las tres primeras son capitales en sentido pleno, en tanto se acumulan, se invierten, se convierten unos en otros y rinden. Las dos que siguen son de otra naturaleza y tratarlas como meros activos a optimizar es uno de los errores que intentamos desarmar.

Por un lado, el *capital temporal,* que comprehende las horas disponibles y la energía cognitiva que podemos dedicar a lo que, sin rendir de inmediato, construye futuro. Bourdieu lo incluía de modo implícito en el capital cultural, pero merece un lugar propio. El tiempo es el compás sobre el que tocan todos los demás instrumentos. A diferencia del dinero, no podemos acumularlo y toda conversión entre los otros capitales se paga, en última instancia, en esta moneda que no admite reposición.

---

[90] James Coleman, *Foundations of Social Theory*, Cambridge, MA, Harvard University Press, 1990) y Robert Putnam, *Bowing Alone: The Collapse and Revival of American Community,* New York, Simon & Schuster, 2000.

Por otro, el *capital vital*, que incluye los vínculos afectivos profundos y la salud física, mental y espiritual. Aquí vive el verdadero corazón de todo el recorrido. Las verdaderas pelotas de cristal. El capital vital no es un activo que se invierte esperando retorno. Calcular rendimientos en cuestiones de amor es inviable y lo vuelve otra cosa, más pobre y triste. En realidad, está en el otro extremo de la cadena de conversiones, como aquello por lo que hacemos todo lo demás. Podemos tener dinero, conocimiento, contactos y tiempo, pero si el capital vital se deteriora, los demás pierden sentido.

¿Qué hacemos, entonces, con estos capitales? No simplemente acumularlos, porque esto no es una colección ni un museo. La vida está para ser vivida. De nuevo, tenemos que organizarlos. Si volvemos a la metáfora de la orquesta, el capital económico, el cultural y el social son como los instrumentos, que se combinan y suenan más fuerte o suave según el momento. El tiempo es el compás que marcamos como directores, ese recurso escaso que ordena cuándo entra cada sección y que, una vez transcurrido, no vuelve. El capital vital, los afectos y la salud, es aquello para lo cual existe la música y la razón por la que vale la pena tocar. Orquestar una vida es poner los tres convertibles al servicio de los dos que no se convierten. El dinero, el conocimiento y los contactos son medios; el tiempo bien vivido y los vínculos son el fin. Cuando esa jerarquía se invierte y los medios pasan a gobernar a los fines, la carrera frenética detrás del dinero termina en un punto donde descubrimos demasiado tarde que dejamos caer las pelotas que se quiebran.

La vida está llena de decisiones que convierten un tipo de capital en otro. Por ejemplo, el capital económico se convierte en capital humano cuando pagamos un posgrado o dedicamos tiempo a aprender una habilidad nueva y, al revés, convertimos capital humano en capital económico, por ejemplo, cuando conseguimos un empleo gracias a nuestras habilidades. Traducimos capital económico en capital temporal cuando reducimos la jornada laboral para dedicar tiempo a un proyecto personal o pagamos por servicios de limpieza de la casa. La decisión tiene sentido si el valor de lo que hacemos con ese tiempo, en el capital que sea, excede el costo de comprarlo. La ruta inversa se da cuando cedemos tiempo a proyectos colaborativos o aprendizaje autónomo que convierte tiempo en conocimiento o relaciones que pueden abrir oportunidades futuras. El capital social se vuelve capital económico a través de conexiones e información privilegiada sobre oportunidades y proyectos que dependen de redes, como un trabajo que obtengamos por recomendación. El capital cultural puede volverse capital social y económico al conocer los códigos que otros reconocen como válidos y nos permiten acceso a redes y oportunidades. La circulación se da todo el tiempo y podemos atravesarla como ciegos o como directores de orquesta.

En esta arquitectura, el capital económico actúa como *capital de coordinación*, es decir, como recurso que permite reorganizar o transformar otros capitales. Cuando el capital económico es extremadamente escaso o crónicamente inestable, estamos forzados a enfocarnos en el ingreso inmediato para sobrevivir y nuestra capacidad cognitiva se consume en gestionar esa escasez.[91] Cuando el capital económico monopoliza las decisiones, quedamos atrapados en la llamada "trampa de la pobreza", es decir, en un ciclo perverso donde la falta de recursos impide las acciones que mejorarían la situación. Este ciclo se rompe siempre por la creación de un primer margen, por mínimo que sea, que compre la capacidad de pensar más allá del día. La atención liberada permite iniciar una conversión, por ejemplo, dedicar unas horas a aprender una habilidad o sostener un gasto en salud que evita un mal mayor. Permite además recuperar tiempo y presencia para los vínculos que la urgencia había arrinconado. Cada conversión lograda agranda el margen y habilita conversiones más ambiciosas y espacio para lo que no se convierte.

El ciclo perverso, una vez que se quiebra, puede empezar a girar al revés y por eso insistimos desde N en la importancia de ese primer colchón como palanca que nos devuelve la capacidad de elegir. De repente consideramos más variables y antes de aceptar cualquier proyecto preguntamos si nos enseña algo o con quién

---

[91] Sendhil Mullainathan y Eldar Shafir, *Scarcity: Why Having Too Little Means So Much*, New York, Times Books, 2013.

vamos a trabajar, porque otras dimensiones empezaron a importar además del dinero. Ganamos selectividad estratégica.

Mientras la estrategia financiera puede estabilizarse y requerir ajustes mínimos, la orquestación de capitales nunca se estabiliza porque los capitales no financieros están en movimiento constante. Las habilidades se deprecian si no se usan, las redes se debilitan si no se cultivan, el tiempo pasa sin posibilidad de recuperación, sin atención la salud se deteriora silenciosamente y los afectos se deben cuidar todos los días. La idea de automatizar lo relativo al capital económico redunda en que podamos ocuparnos mejor de esta compleja sinfonía, evitando la desincronización que arruina el conjunto.

Al orquestar estos capitales cada decisión tiene su propio horizonte y hay que hacerlo explícito. Podemos iniciar un estudio que toma seis meses y probablemente rinda frutos en dos años, lo cual implica una conversión de mediano plazo, o dedicarnos a un proyecto que consume tiempo hoy sin retorno directo pero fantástico para fortalecer la red profesional, promoviendo la conversión de largo plazo. Cuando esos horizontes quedan implícitos, es fácil confundir acciones dispendiosas con inversión estratégica. A veces en verdad es difícil determinar la diferencia, pero como directores de orquesta lo debemos tener claro.

La multiplicación de capital económico va acompañada de una revisión cualitativa periódica de los capitales no monetarios. ¿Qué aprendimos este trimestre que no sabíamos antes? ¿Qué relaciones profesionales construimos o profundizamos? ¿Dedicamos tiempo a proyectos que nos importan o solo trabajamos por ingreso inmediato? ¿Nuestra salud mejoró, se mantuvo o se deterioró? ¿Estamos dando lo mejor que podemos a nuestros seres queridos? Estas preguntas no tienen respuesta numérica precisa, pero permiten detectar cuándo algún capital se está erosionando silenciosamente mientras el capital económico crece.

La proyección también cambia de sentido. En la estrategia financiera proyectábamos rendimientos esperados y escenarios de mercado. En la orquestación de capitales proyectamos conversiones y las preparamos gradualmente en lugar de improvisar tarde y bajo presión. Algunas conversiones son irreversibles o muy costosas de revertir, como años invertidos en formación que después no tiene demanda, mudanzas internacionales que no funcionan o proyectos que consumen capital sin rendir nada. Las conversiones siempre implican riesgo, que siempre es mayor si vamos a ciegas.

Más aún, coordinar capitales implica elegir qué no hacer. Los *trade-offs* son también en este caso inevitables. Invertir capital económico en un proyecto significa no invertirlo en otro o irse de vacaciones con la familia. Ninguna configuración maximiza simultáneamente todos los capitales ni puede evitar que las conversiones operen dentro de estructuras que no controlamos, por ejemplo, mercados laborales que no valoran ciertas habilidades o redes que operan mediante exclusión. La orquestación calibra también esas restricciones externas como invariantes de las que no somos responsables, conscientes de que nuestra pericia puede expandir el espacio de lo posible pero no volverlo infinito. Incluso en el peor de los casos, hace posible detectar cuándo un capital se está agotando, permitiéndonos intervenir antes de que la tensión se vuelva insostenible.

Ninguna biografía suena sola. Llegado cierto punto, nuestra orquesta empieza a tocar junto a otras. Primero aparece la pareja, donde dos sistemas de capitales deben coordinarse sin anularse, dos partituras que tienen que volverse una sin que ninguna pierda su voz. Luego, en muchos casos, la familia, donde los capitales de los adultos se ponen al servicio de la construcción de los capitales de la generación que sigue. La orquestación, que empezó siendo personal, se vuelve entonces un arte que se practica de a varios y ese es el territorio donde el dinero pasa de asunto privado a compartido.

2. Dinero en pareja

Hay conversaciones que una pareja posterga durante años. El dinero es una de ellas porque toca fibras profundas. Cada uno trae un guion financiero aprendido en su infancia que, como vimos, es ya difícil poner en superficie solos y mucho más de a dos. Para peor, las parejas discuten más símbolos que cifras. Una compra es un mensaje sobre prioridades y sobre quién tiene voz en decisiones que importan. En verdad, la mayoría de los conflictos en una relación no se resuelve, se gestiona.[92] Las tensiones emergen de diferencias estructurales entre dos personas que ven el mundo de manera distinta y lo que diferencia a las parejas que duran de las que se quiebran es haber desarrollado la capacidad de entenderse mutuamente.

Cada persona llega a la vida en pareja con dos capas superpuestas que determinan cómo se relaciona con el dinero. La primera es su firma conductual, ese patrón estable de sesgos cognitivos y respuestas emocionales que ya identificamos. Ese patrón de procesamiento se mantiene relativamente estable a lo largo de la vida adulta. La capa más profunda, anterior a la firma y menos visible, es el guion biográfico, que consiste en la narrativa aprendida sobre qué significa el dinero en términos existenciales, cómo debe comportarse alguien responsable, qué constituye exceso o privación y qué papel juega el dinero en la vida. El guion se forma durante infancia y adolescencia mediante la socialización económica, donde se mezclan la observación silenciosa de comportamientos parentales con las conversaciones explícitas sobre dinero en el hogar (o la ausencia deliberada de ellas) y las experiencias directas de escasez o abundancia.

La diferencia entre firma y guion es sutil. Dos personas pueden compartir la misma firma conductual, por ejemplo, ambos pueden ser Acumuladores, pero tener guiones biográficos radicalmente distintos que generan respuestas emocionales incompatibles ante las mismas situaciones. Uno puede haber crecido en un hogar de clase media baja donde la escasez era estructural, mientras el otro salió de un hogar de clase alta donde la riqueza familiar se perdió abruptamente por mala inversión paterna, enseñando que el dinero puede desaparecer en un día. Ambos acumulan defensivamente, ambos evitan riesgo, ambos prefieren liquidez a rendi-

---

92 John Gottman, *The Seven Principles for Making Marriage Work*, New York, Crown, 2015 y "The Natural Principles of Love", Journal of Family Theory, 9.1 (2017), 7-26.

miento, pero sus respuestas emocionales ante propuestas de inversión serán seguramente distintas. Uno sentirá que cualquier inversión es un lujo peligroso que alguien en su posición no puede permitirse; el otro sentirá que cualquier inversión es un riesgo de repetir el error paterno que destruyó la estabilidad familiar.

En pareja, la firma conductual determina qué estrategias son sostenibles para cada individuo y el guion biográfico indica qué decisiones específicas disparan reacciones emocionales intensas que no son explicables solo por el patrón cognitivo. Cuando dos guiones incompatibles colisionan en el contexto de decisiones compartidas, el conflicto resultante se percibe como desacuerdo sobre una decisión puntual, cuando en realidad es un choque entre sistemas implícitos de significado, de modo que cada uno defiende algo biográficamente legítimo. Necesitamos observar estos patrones en acción, especialmente cuando el dinero amplifica tensiones que en otros contextos permanecen manejables.

Las parejas que logran estabilidad financiera duradera diseñan acuerdos explícitos que respetan ambas lógicas. Como en cualquier danza, no hay que moverse igual, sino encontrar el ritmo. Por supuesto, hay aspectos que complican el movimiento. El poder económico es uno de ellos. La mayoría de las parejas prefiere operar bajo una ficción de igualdad. En muchos aspectos de la vida compartida eso puede ser cierto, pero cuando hay disparidad significativa de ingresos, aparecen las grietas.

La teoría clásica de recursos en sociología de la familia sostiene que quien aporta más recursos económicos tiene más poder de negociación en decisiones mayores y más capacidad de imponer preferencias cuando hay desacuerdo, pero cuando es la mujer quien gana más, sucede algo extraño. Cuando las mujeres ganan significativamente más que sus parejas masculinas frecuentemente no obtienen más poder en la relación.[93] En cambio, compensan su éxito económico de maneras que preservan la identidad masculina amenazada de sus parejas, por ejemplo, con más trabajo doméstico, no menos, y minimizan verbalmente sus logros profesionales,

---

93 Veronica Tichenor, *Earning More and Getting Less,* New Brunschwig, NJ, Rutgers, 2005.

en una respuesta estructural a la presión de género, incluso en parejas progresistas e igualitarias. Cuando la asociación entre masculinidad y provisión material se ve amenazada, hombres y mujeres negocian compensaciones implícitas que restauran el equilibrio simbólico, aunque no económico. El dinero en relaciones íntimas está cargado de significados sociales que dependen de quién lo ganó, cómo se ganó, para qué se usa, y qué relaciones de género preexisten.[94]

El poder económico se invisibiliza además en el trabajo no remunerado que sostiene la vida compartida. Si uno reduce o elimina la carga laboral externa para asumir la gestión del hogar, genera un valor económico real que no se contabiliza en ningún presupuesto. Esa invisibilidad genera asimetrías, porque niega el trabajo de quien sostiene la infraestructura que permite que el primero trabaje afuera sin preocuparse de logística doméstica. Esta asimetría se vuelve tóxica cuando no se reconoce explícitamente, aunque puede funcionar bien con acuerdos explícitos. En cualquier caso, no se gana nada fingiendo que el poder no existe mientras opera silenciosamente.

¿Pero cómo manejar el dinero entre dos? Tradicionalmente la cuestión se planteó en términos binarios: todo junto o separado. En rigor, hay múltiples arquitecturas, cada una con lógica propia y ninguna es óptima para todas las parejas ni para todos los momentos de una misma pareja. Veamos los tres modelos principales.

La *gestión fusionada* vuelca todos los ingresos a una cuenta común de la que salen todos los gastos. Las decisiones grandes se toman juntos, bajo un acuerdo más o menos explícito de qué gastos requieren consulta. Fue el modelo dominante en los matrimonios de un solo ingreso y sigue siendo común en parejas tradicionales o que buscan simplicidad operativa y una señal potente de compromiso. En efecto, las parejas que juntan todo su dinero tienden a reportar más satisfacción y menor probabilidad de ruptura, como indica, por ejemplo, un estudio británico que siguió a varios miles

94 Viviana Zelizer, en *The Purchase of Intimacy*, Princeton, Princeton University Press, 2005.

personas durante doce años.[95] El impacto es más fuerte en las parejas con recursos escasos, donde el estrés financiero es mayor y la sensación de estar enfrentando el problema juntos pesa más. Juntar el dinero cultiva un sentido de interdependencia, a la manera de un "nosotros" que está en primer plano. Las parejas que comparten finanzas hablan de "nuestro dinero"; las que las separan, de "mi dinero" y "tu dinero", y esos pronombres, repetidos miles de veces a lo largo de los años, terminan modelando la percepción de estar o no en el mismo equipo.

Al mismo tiempo, hay que contar con que juntar el dinero no garantiza, por sí solo, igualdad.[96] En la práctica suele haber uno de los dos que controla el fondo común y en pocos casos hay igualdad en las decisiones y en el acceso de cada uno a dinero propio sin tener que pedir permiso. Compartir el dinero tiende a fortalecer la pareja, pero a condición de que ese fondo común sea de verdad y compartido en su control. Cuando estas condiciones no se cumplen, el modelo genera insatisfacción especialmente en el miembro con menor ingreso, que experimenta la fusión como subordinación encubierta.

La *gestión independiente* es el extremo opuesto. Cada uno mantiene sus ingresos en cuentas separadas y los gastos compartidos se dividen según una regla acordada, por ejemplo, mitad y mitad en términos absolutos, proporcional a ingresos respectivos o asignación específica por categoría donde uno paga alquiler y el otro servicios y alimentación. Los gastos personales se realizan con recursos propios sin consulta ni justificación necesaria. Este modelo creció mucho durante las últimas décadas, especialmente en parejas de doble ingreso, contextos urbanos, profesionales de alta calificación y en uniones posteriores al primer matrimonio donde existe el deseo consciente de preservar la autonomía después de experiencias donde la fusión salió mal.

---

[95] Joe J. Gladstone, Emily N. Garbinsky y Cassie Mogilner, "Pooling Finances and Relationship Satisfaction", *Journal of Personality and Social Psychology* 13.6 (2022), 193-1314.

[96] Carolyn Vogler y Jan Pahl, "Money, Power and Inequality within Marriage", *The Sociological Review* 42.2 (1994), 263–288.

Va muy bien para quienes valoran la autonomía como bien en sí mismo, porque cada miembro mantiene control sobre sus recursos y reduce conflicto sobre preferencias divergentes, siempre que la regla de división sea explícita y ambos la perciban como justa. Como contrapartida, puede fragmentar todo proyecto común y es un obstáculo para la estabilidad compartida si supone inequidad, por ejemplo, si los ingresos son dispares y la división de gastos compartidos es por mitades o si opera como una señal de desconfianza que prepara implícitamente una separación futura. Esta interpretación puede generar malestar emocional incluso si operativamente el modelo funciona bien.

La *gestión híbrida* combina los dos modelos anteriores y calza bien con la sensibilidad de las parejas contemporáneas. Cada uno mantiene una cuenta personal para gastos individuales que preserva su autonomía y tienen además una cuenta común para gastos compartidos y objetivos comunes a la que aportan un porcentaje acordado de cada ingreso. Ahorro para vivienda o vacaciones conjuntas salen de ahí. El resto permanece en cuentas individuales para gasto personal que no requiere consulta ni justificación. Este modelo se volvió dominante en parejas de doble ingreso en economías desarrolladas, especialmente en los casos donde la autonomía individual y proyecto común coexisten como valores simultáneos sin que uno tenga que sacrificarse por el otro, a la vez que por su contribución proporcional resulta equitativo ante ingresos dispares. Como no todo es rosa, resulta más complejo por la gestión de múltiples cuentas y exige mucha claridad sobre qué gastos son compartidos y el porcentaje que aporta cada uno. Si esos criterios quedan difusos, la fricción reaparece bajo forma de duda cotidiana ante cada gasto ambiguo y el compromiso es puesto a prueba en cada compra.

Más allá del modelo elegido, el error más común es creer que esta elección se toma al principio de la convivencia y queda fija para siempre. Debemos actualizar la arquitectura financiera cada vez que cambia alguna de las variables que la sostienen. Esos cambios son inevitables a lo largo de una relación de décadas, plagada de saltos y caídas de ingresos, cambios de carrera, herencias, deudas, hijos y enfermedades. Renegociar siempre genera ansiedad porque puede sentirse como una traición al pacto original. ¿Por qué cambiar? ¿Algo está mal en la relación? ¿Estamos admitiendo que lo que elegimos fracasó? Esta espiral de ansiedad bloquea conversaciones necesarias y empuja a las parejas a sostener arquitecturas obsoletas porque ninguno quiere abrir un tema que suena amenazante. Hay que mirar la cuestión a la inversa. Revisar no es un síntoma de crisis sino de un sistema vivo que opera en contextos cambiantes para mejorar estrategias decididas entre dos. Esto es especialmente difícil en relaciones nuevas, dado que hablar de dinero demasiado pronto parece mercenario o calculador y puede serlo. Solo hay que recordar que hablar demasiado tarde genera dependencias y expectativas que después son dolorosas de corregir.

El silencio tiene una región todavía más oscura en la infidelidad financiera, es decir, el ocultamiento de información relevante, que resulta sorprendentemente común.[97] Las formas más frecuentes incluyen ocultar deudas o la existencia de cuentas y silenciar gastos significativos. El daño mayor proviene de la violación de confianza que implica el ocultamiento. Muchas veces la revelación posterior erosiona la relación más que la deuda o el gasto que se ocultó. Por otra parte, cierta información no revelada al inicio de la relación, cuando había ambigüedad sobre qué nivel de transparencia era apropiado, se vuelve progresivamente más difícil de revelar conforme la relación se profundiza. Igual que en la revisión, lo que no se habla a tiempo se enquista y cuanto más se tarda en abrir el tema, más cuesta hacerlo. La transparencia financiera en una pareja es un hábito y por tanto más fácil de sostener desde el principio que de instaurar una vez que el silencio echó raíces.

En suma, no existe un protocolo universal, pero es razonable tener antes de convivir una conversación explícita sobre el modelo de gestión preferido por cada uno, la existencia o no de deuda significativa, las expectativas sobre contribución a gastos compartidos y los valores respecto de autonomía o fusión, que son los pi-

---

[97] Emily N. Garbinsky, Joe J. Gladstone, Hristina Nikolova y Jenny G. Olson, "Love, Lies, and Money: Financial Infidelity in Romantic Relationships", *Journal of Consumer Research* 47, n.º 1 (2020), 1–24.

lares que determinarán la arquitectura operativa una vez que compartamos la casa. Simplemente reconocer el tema e identificar qué preferencias pueden ser legítimamente distintas reduce enormemente la probabilidad de estar alimentando una bola de nieve que termine en avalancha sobre la pareja.

3. ORGANIZACIÓN FAMILIAR Y EDUCACIÓN FINANCIERA DE LOS HIJOS

Nuestro recorrido en el capítulo I comenzó con recuerdos de infancia. A estas alturas, los niños ya no somos nosotros sino nuestros hijos y lo que sigue es una exploración de cómo podemos actuar sabiamente, contando con que los niños aprenden sobre dinero mucho antes de que decidamos enseñarles nada. La educación financiera familiar, por tanto, empieza mucho antes de las conversaciones pedagógicas sobre ahorro o presupuesto, el día que un niño ve a sus padres tomar decisiones económicas y por eso las familias son los primeros laboratorios de socialización económica.

Este proceso, estudiado desde los años '80 por la sociología económica y la psicología del desarrollo, revela tres mecanismos principales de transmisión familiar de ideas sobre el dinero.[98]

El *modelado parental* opera cuando los niños observan a los adultos manejar el dinero y extraen de esa observación conclusiones implícitas sobre cómo funciona el mundo. Por ejemplo, si el gasto se realiza de manera impulsiva, aprenden que el dinero es algo que aparece y desaparece sin planificación. Cuando existe contradicción entre lo que los adultos dicen y lo que hacen, el comportamiento observado siempre pesa más que la instrucción verbal.[99] No importa cuánto los padres prediquen la austeridad, si gastan impulsivamente están enseñando eso.

---

98 C. Gudmunson y S. Danes, en "Family Financial Socialization: Theory and Critical Review", Journal of Family and Economic Issues 32 (2011), 644-667.

99 Véase Albert Bandura, *Social Learning Theory,* Englewoods Cliffs NJ, Prentice Hall, 1977 y Ashley B. LeBaron-Black et al., "Talk is Cheap: Parent Financial

Por su parte, la *comunicación explícita sobre dinero* ofrece un marco interpretativo que permite entender lo que se observa. Cuando un niño ve que sus padres postergan una compra que pidió sin explicación, puede sentirse expuesto a una privación arbitraria, pero ante la explicación de que se ahorra para un viaje o una reforma, la postergación adquiere sentido y se convierte en un ejemplo de priorización consciente. Pero cuidado. La comunicación también puede ser dañina, como cuando se usa el dinero como arma ante los hijos. "Tu padre siempre gasta en tonterías", "Tu madre no sabe disfrutar" son balas en una batalla que excede la economía y los hijos no deberían estar en el medio. No faltan los casos donde la comunicación es negativa, es decir, hablar de dinero se considera tabú o de mal gusto. Un niño que crece en una casa donde el dinero nunca se nombra aprende que es un asunto turbio, cargado de ansiedad y secreto, y arrastra esa incomodidad hasta su propia vida adulta sin saber de dónde viene.

A través de la *experiencia directa* los niños aprenden a tomar decisiones económicas propias y experimentar sus consecuencias. Ahorrar para comprar algo deseado, gastar impulsivamente y arrepentirse después o tener que elegir entre dos opciones incompatibles son experiencias que enseñan más que cualquier explicación teórica. Muchas veces se trata de proteger a los niños de las decepciones, lo cual impide aprender a gestionar la escasez. El impulso protector, tan comprensible como contraproducente, nos lleva a evitarles toda decepción. Si gastó mal la mesada, se la reponemos; si no ahorró para lo que quería, se lo compramos igual. Cada uno de esos rescates, hechos por amor, desactiva la lección, porque le enseña al chico que las consecuencias no son del todo reales, que siempre hay una red que las amortigua. Esa creencia, inofensiva con una mesada de la infancia, se vuelve peligrosa cuando quien la sostiene es un adulto con una tarjeta de crédito sin nadie detrás que reponga lo que gastó de más. Dejar que un hijo se equivoque mientras el error todavía no duele es, en el fondo, entrenarlo para no cometer el mismo error cuando duela de verdad.

Socialization and Emerging Adult Financial Well-Being", *Family Relations* 72.3 (2023), 1201–1219.

Observación, comunicación y experiencia interactúan para formar el clima económico en el que un niño crece y tenemos también que orquestarlos. Eso supone, ante todo, tener claro qué transmite nuestra familia acerca del dinero y su significado. En algunas familias predomina la ansiedad y provoca preocupación y tensión que desembocan en inseguridad persistente. En otras sobresale el dinero como instrumento de poder o control, cuando se usa para premiar, castigar o negociar afecto. En otros casos, el dinero se ve simplemente como un recurso limitado que permite organizar proyectos, priorizar objetivos y construir estabilidad. En este último patrón puede haber conflictos o falta de recursos, pero las discusiones se plantean en términos de elecciones y prioridades sin atrapar a nuestros hijos en laberintos de thriller psicológico.

La orquestación de la educación financiera tiene tiempos distintos. La observación existe desde etapas tempranísimas, cuando el bebé siente la ansiedad de los padres, pero la comunicación y la experiencia aparecen después. Consideremos que la comprensión del intercambio comienza en los niños entre los 3 y 5 años, cuando entienden que algunas cosas se desean más que otras y no se puede tener todo. Entre los 6 y los 8 emergen capacidades cognitivas más amplias y habilidades de ahorro si la meta es concreta y relativamente cercana. También es la edad donde comienza la comprensión de que los recursos familiares son limitados y no mera arbitrariedad. Buena parte de los hábitos financieros centrales, incluidas capacidades tan decisivas como planificar a futuro y postergar la gratificación, se forman temprano en la infancia, en torno a los siete años, y una vez asentados son difíciles de revertir.[100] Conviene no leer ese "siete años" como una sentencia, porque el aprendizaje financiero continúa toda la vida y nadie queda condenado por lo que no aprendió de chico, pero tendríamos que tomarlo como una señal de que la primera infancia es una ventana fértil que desaprovechamos por creer que el dinero es un tema para la adolescencia.

---

[100] David Whitebread y Sue Bingham, *Habit Formation and Learning in Young Children,* Londres, Money Advice Service, 2013.

Entre los 9 y los 12 años aparece una comprensión más sofisticada del dinero como sistema, junto con algo nuevo y socialmente cargado: la comparación con los pares. La compra empieza a funcionar como señal visible de pertenencia, la zapatilla de cierta marca o el teléfono de cierto modelo se vuelven pasaportes a un grupo deseado y el "todos lo tienen" resulta uno de los argumentos más poderosos de esta etapa. Es la edad crítica para alfabetizar sobre persuasión comercial, es decir, darles a nuestros hijos la capacidad de reconocer que la publicidad, el marketing y el diseño de los productos no son información neutral sino mensajes construidos para hacernos desear y comprar.

A esta edad un niño ya puede entender, si se lo muestran, que las publicidades están hechas por profesionales que estudian cómo generar deseo, que los influencers a los que sigue muchas veces cobran por mostrar productos y los videojuegos están diseñados para empujar microcompras. Parece que vamos a volverlo cínico y amargarle la vida, pero no es así. Pensémoslo como darle una herramienta que lo ayude a diferenciar entre querer algo porque de verdad lo quiere y quererlo porque alguien invirtió mucho dinero en que lo quiera. Un chico que aprende a hacerse la pregunta "¿esto lo quiero yo o me lo hicieron querer?" desarrolla una autonomía de consumo que lo va a defender, al menos en parte, contra la compra impulsiva y la presión social toda la vida.

Entre los 13 y los 17 años se alcanza la capacidad de planificación financiera como para pensar en plazos y proyectar consecuencias del uso de productos relativamente complejos. Esa madurez cognitiva llega con presión social, que en esta edad alcanza su punto máximo y convierte el consumo en un campo de batalla identitario, y exposición masiva a narrativas de enriquecimiento rápido a través de las redes. Esta es la primera generación que aprende de dinero, mayoritariamente, de influencers financieros, los llamados "finfluencers". Muchos no tienen ninguna formación ni responsabilidad fiduciaria, es decir, ninguna obligación legal de velar por el interés de quien los escucha, y con frecuencia cobran por promocionar los productos que recomiendan sin aclararlo.

Al mismo tiempo, las plataformas gamifican las decisiones financieras, disfrazándolas de entretenimiento y empujando al comportamiento riesgoso a través de cripto, apuestas o esquemas de "hustle" o "rebusque digital que prometen ingresos pasivos sin esfuerzo. el adolescente ya puede pensar en plazos, proyectar consecuencias y entender productos relativamente complejos. Pero esa madurez cognitiva nueva llega acompañada de dos vulnerabilidades intensas. Por un lado, la presión social, que en esta edad alcanza su punto máximo y convierte el consumo en un campo de batalla identitario. Por otro, la exposición masiva a narrativas de enriquecimiento rápido a través de las redes.

Esta es la primera generación que aprende de dinero, mayoritariamente, de influencers financieros. Los llamados finfluencers se volvieron una fuente primaria de "educación" financiera para adolescentes y jóvenes, y el problema es doble. Por un lado, muchos no tienen ninguna formación ni responsabilidad fiduciaria, es decir, ninguna obligación legal de velar por el interés de quien los escucha, y con frecuencia cobran por promocionar los productos que recomiendan sin aclararlo. Por otro, las plataformas gamifican las decisiones financieras, las disfrazan de entretenimiento y empujan al comportamiento riesgoso e impulsivo: cripto que promete multiplicar, apuestas deportivas presentadas como inversión, esquemas de *hustle* o "rebusque digital" que prometen ingresos pasivos sin esfuerzo. Los típicos son el *dropshipping* (vender productos online sin tener stock, que casi nunca funciona como lo pintan), el trading de cripto presentado como ingreso pasivo, vender cursos sobre cómo vender cursos, el marketing de afiliados, esquemas de "ganá dinero mientras dormís" y muchas otras promesas dudosas que se presentan como fáciles y casi garantizadas, cuando la enorme mayoría fracasa o directamente son trampas donde el único que gana es el que vende el curso que explica el esquema. La expresión "inclusión predatoria" se viene usando para describir cómo estas tecnologías amplían el acceso de los jóvenes a las finanzas y, al mismo tiempo, los exponen a estafas que la educación financiera tradicional, pensada para un mundo de bancos e instituciones estables, no sabe abordar.

Por otra parte, los juegos gratis que monetizan mediante venta de ítems, ventajas competitivas o elementos cosméticos no siempre son manejables por niños. Peor todavía, las *loot* boxes, esas cajas que contienen ítems de valor aleatorio, replican la estructura de los juegos de azar al estilo de los tragamonedas.[101] Estas formas de juego introducen a menores a prácticas adictivas sin la supervisión y regulación que tendrían si ocurrieran en un casino, produciendo micropagos que pueden escapar a la supervisión adulta. Sumemos a los influencers y su publicidad disfrazada de recomendación asociada con pertenencia y la caza de jóvenes para inversión en activos digitales especulativos y el clima se vuelve opresivo.

La exposición frecuente a contenido financiero de calidad acompañado de participación familiar o educación escolar puede hacer la diferencia. Un adolescente que mira contenido financiero solo es presa fácil del finfluencer que lo engaña, mientras que si lo comenta con un adulto que lo ayuda a distinguir el consejo sensato de la estafa, esa misma exposición resulta aprendizaje. Por este motivo debemos evitar los extremos de la prohibición, que solo empuja la conducta a la clandestinidad y deja al adolescente sin guía, y el paternalismo, que lo infantiliza justo cuando está pidiendo autonomía. El camino del medio es el acompañamiento con dinero real que lo obligue a planificar.

Esto nos lleva a la cuestión debatidísima de la "mesada", es decir, el dinero semanal o mensual que entregamos a un niño. Algunas familias optan por un modelo condicional, donde el dinero se otorga como pago por las tareas domésticas realizadas, buscando reforzar el vínculo entre dinero y esfuerzo. Otras prefieren una mesada incondicional, como recurso fijo independiente, de modo que las tareas se realizan como contribución a la familia sin remuneración y el dinero propio es una herramienta puramente pedagógica. ¿Cuál es mejor? Mientras mantengamos la regularidad, cualquiera, siempre y cuando venga también con conversación.[102] El modelado parental orienta y potencia la experiencia, logrando una alfabetización financiera eficaz.

---

101 D. Zendle y P. Cairns, "Video game loot boxes are linked to problema gambling: Results of a large-scale survey" (2018)

102 A. Otto, "Saving in Childhood and Adolescence" (2013) y J. Savla, en *Financial Literacy of Young Adults* (2010)

El vínculo con tareas domésticas es menos claro. Monetizar todas las contribuciones al hogar puede producir una visión excesivamente transaccional de la familia, donde los niños rechazan tareas si no se les paga, pero puede funcionar en algunas familias. En cualquier caso, algunas responsabilidades familiares deberían mantenerse como expectativas no monetizadas, porque los niños no son empleados, mientras que el dinero disponible para ellos debería ser suficientemente predecible para permitir planificación y aprendizaje de consecuencias. Con todo eso tenemos que orquestar lo que sucede en casa.

Pero también está el afuera. La educación financiera familiar ocurre en un contexto de desigualdad que los niños encuentran en la comparación con los pares que tienen más o menos que ellos. Ante la pregunta de por qué un amigo tiene un auto deportivo y nosotros no, la respuesta defensiva de que no lo necesitamos falla porque no suele ser honesta. Usemos una respuesta que reconozca la realidad sin provocar resentimiento, subrayando que por muchas razones las familias tienen diferentes ingresos y muchas veces tenemos lo suficiente para vivir bien pero no para comprar todo lo que queremos y elegimos lo más importante. Es un buen momento para indagar con los hijos qué consideran importante y qué cosas quieren solo porque otros las tienen.

Al mismo tiempo, hay una diferencia entre la falta de recursos y la austeridad elegida. Una familia con recursos modestos que explica que algo no se compra porque hay que pagar comida y servicios enseña la realidad de la restricción presupuestaria y eso está bien si es la situación presente que atraviesan, pero a veces una familia elige no hacerlo porque valora otras cosas o está comprometida en un proyecto distinto. Los niños deben saber esto para evitar narrativas internas falsas sobre la situación económica familiar.

Al contrario, si tenemos recursos abundantes, aparecen desafíos ligados a la falta de propósito. ¿Por qué esforzarnos? Las capacidades financieras pueden, paradójicamente, desarrollarse menos si siempre hay otro que resuelve. Tampoco es menor el riesgo de restringir el círculo social, limitando la comprensión de cómo vive la mayoría de la población. En estos casos, limitar la ostentación, establecer expectativas de esfuerzo, posponer el acceso a sumas altas de dinero e instar a nuestros hijos a la contribución comunitaria, junto con conversaciones sobre privilegio y responsabilidad, ayuda a calibrar mejor su posición en la sociedad.

¿Y si estamos en una crisis financiera? En estos momentos, muchos padres no saben qué decir a los hijos para no asustarlos ni provocarles inseguridad o vergüenza. Recordemos que el silencio es la peor medida. Hay una correlación entre estrés económico, depresión y ansiedad de los padres, hostilidad y deterioro del ambiente emocional del hogar, pero en casos donde los padres logran mantener cohesión y comunicación clara, es posible evitar el deterioro del bienestar psicológico de los hijos e incluso, a largo plazo, puede educar su resiliencia.[103] Lo que debe evitarse en todos los casos es usar a los hijos como confidentes de angustias que no pueden resolver. Esto vale especialmente para casos de divorcio, donde se combinan trauma emocional y complejidad financiera.

Los patrones destructivos documentados en la literatura y lamentablemente vistos a menudo incluyen el uso de la manutención de hijos como forma de castigo a uno de los padres, referencias despectivas ante los hijos sobre la gestión financiera del ex-cónyuge, compra de afecto mediante regalos costosos o competencias tristes por quién provee más o mejor. Estos patrones enseñan a nuestros hijos conductas tóxicas, como que el dinero es un arma de manipulación, el amor se compra, el conflicto entre adultos justifica hacer daño colateral a otros y las necesidades de los hijos vienen detrás de la venganza. Nada eso es crianza responsable.

Entre los recursos efectivos que recorren la literatura sobre estos temas sobresale la constitución financiera familiar. Este "documento interno" puede incluir algunos principios compartidos que orientan las decisiones económicas del hogar. Debería comenzar con una declaración de valores financieros, por ejemplo, seguridad financiera, experiencias compartidas o progreso socioeconómico. Sobre esa base, nuestra constitución establece reglas operativas para decisiones recurrentes, reduciendo la fricción cotidiana.

---

103 A. Masarik y R. Conger, en "Stress and Child Development", Current Opinion in Psychology 13 (2017), 85-90.

Por ejemplo, por debajo de tal monto cualquier adulto decide sin consultar, entre tal y tal monto se requiere discusión y sobre tal monto hay que incluir planificación; nunca tomamos decisiones financieras importantes en momentos de alteración o revisamos el presupuesto familiar en un momento establecido y compartimos los aspectos que son relevantes para toda la familia.

Es útil incluir además protocolos para situaciones de crisis o conflicto. Por ejemplo, si alguno pierde el empleo, revisamos el presupuesto en calma; si hay desacuerdos ante gastos grandes, ordenamos razones evitando la reactividad, o si hay que reducir gastos, todos los miembros contribuyen proporcionalmente, sin que ninguno asuma solo el sacrificio. Es el lugar ideal para clarificar los principios de educación financiera de los hijos, evitando el uso del dinero como premio o castigo emocional y pautando el tipo de conversaciones que alentamos en el hogar.

Debería ser un marco vivo que se revisa cuando la familia evoluciona para mostrar a los hijos que el dinero puede gestionarse a partir de prioridades conscientes. En rigor, seguimos hablando de orquestación y de modos en que la familia transforma diversos tipos de capital unos en otros, contando con que la herencia material puede perderse en una generación, pero la cultura económica familiar puede durar muchas más.

Coda

En música, la coda es el pasaje final que cierra una obra. En lugar de repetir lo que ya sonó, lo recoge y lo deja resonando después de la última nota. La palabra viene del latín *cauda*, cola, porque es lo que la pieza deja detrás de sí cuando termina. Un libro que se llamó Orquestación en su último capítulo no puede cerrar de otra manera. Vamos a la nota que queda vibrando cuando el resto se apagó.

El Método INVERSO empezó en la identidad, con una relación con el dinero conocida a medias y casi siempre teñida de angustia, y termina también en la identidad de alguien que orquesta conscientemente el haz de relaciones y recursos que componen su vida. Entre un punto y otro hubo un recorrido por regiones bien distintas. El nombre del método encierra su gesto central. Es INVERSO porque invierte los términos habituales de la educación financiera, dejando a un lado las definiciones técnicas y los modelos de agentes racionales para empezar por donde todo empieza de verdad, en nosotros como personas concretas que usamos el dinero, con nuestra historia y miedos.

La mayoría de los métodos prometen control mediante optimización técnica y nos llenan de datos sobre el portafolio perfecto y la fórmula que maximiza retornos. Es una promesa seductora que ofrece certeza, pero fracasa porque ignora el contexto humano en que tomamos decisiones. Otros apelan a la fuerza de voluntad y colapsan en el primer momento de flaqueza, porque convertir las finanzas en una prueba permanente de carácter es agotador e ineficaz. Todos fallamos alguna vez. ¿De qué sirve un método hecho para infalibles? Otros prometen abundancia mediante mentalidad positiva, una idea particularmente perniciosa porque vuelve la escasez una culpa personal y confunde causa con efecto, ya que la confianza suele ser el lujo de quienes ya tienen margen. El Método INVERSO se aparta de estas tres variables y las pone de cabeza para diseñar sistemas que trabajen con nuestra naturaleza en lugar de exigir que la superemos, repensando en el medio qué queremos en la vida y con qué estrategias podemos lograrlo para nuestro bien y el de nuestro entorno.

Demos un rodeo más alrededor de INVERSO y el poner las cosas de cabeza. Según una intuición antiquísima, que reaparece en casi todas las culturas, el mundo viene siempre un poco patas para arriba. La idea de *mundus inversus*, el mundo invertido, es un motivo que la tradición literaria y artística repite desde hace siglos. Aparece ya en la poesía medieval de los *Carmina Burana*, donde un poema se lamenta de que el saber está en decadencia y el mundo entero anda al revés, los ciegos guían a los ciegos, los pájaros vuelan antes de tener plumas, el asno toca el laúd y los bueyes bailan. Reaparece en los márgenes de los manuscritos góticos, llenos de escenas que los iluminadores dibujaban para criticar el orden de su tiempo, donde la liebre caza al cazador, el ratón persigue al gato y el campesino da órdenes a su señor. Composiciones similares estallan en los grabados europeos del siglo XVI, como una forma temprana de crítica social popular que nació con la imprenta. Para la misma época cruza el océano y se vuelve copla y canción en toda América Latina, en esas letras del "mundo al revés" donde todo aparece trastocado. En muchos siglos y varios continentes se desliza la queja de un orden alterado.

Esa intuición tan persistente toca algo cierto y frente a un mundo que está al revés, invertir deja de ser un capricho y se vuelve un gesto de sensatez que paradójicamente endereza las cosas. Si el mundo nos entrega vida en los márgenes, el medio confundido con el fin y la angustia ocupando el lugar del criterio, entonces invertirlo es devolver cada cosa a su lugar. El método INVERSO propone, por eso, dar vuelta el mundo de cada uno, que siempre viene un poco al revés.

Un mundo al revés no se acomoda de una vez ni para todos a la vez. Va de a una vida, de a una casa, de a una conversación honesta sobre el dinero. Cada persona que pone lo suyo embellece el mundo, en su porción mínima, y lo hace más habitable. Pero si levantamos la vista, ese asunto aparentemente privado tiene una dimensión que lo desborda. Una economía no es otra cosa que millones de personas decidiendo sobre su dinero al mismo tiempo. Cuando esas decisiones están dominadas por la angustia y el cortoplacismo, el resultado agregado es una sociedad nerviosa y curiosamente infeliz en medio de la abundancia. Esa es la paradoja de las economías contemporáneas y es más extraña de lo que parece. Por casi cualquier indicador de largo plazo, la humanidad vive el mejor momento de su historia material.

Hace dos siglos, la mayoría de la población mundial vivía en pobreza extrema y se creía que eso era un destino inevitable. Hoy esa proporción cayó a alrededor de una de cada diez personas y solo en los últimos treinta y cinco años unas cien mil personas salieron de la pobreza extrema cada día.[104] La esperanza de vida global pasó de unos treinta y dos años en 1900 a más de setenta hoy, más del doble, y no solo por la caída de la mortalidad infantil sino en todas las edades. La alfabetización adulta se acerca al noventa por ciento, la mortalidad infantil se desplomó, y comodidades que hace un siglo eran lujos de unos pocos, como electricidad, agua potable, refrigeración y comunicación instantánea, son hoy parte de la vida cotidiana de miles de millones.

Siguiendo casi cualquier vara objetiva, estamos mejor que nunca y sin embargo los gritos de crisis son ensordecedores. La percepción colectiva va en sentido exactamente contrario a los datos. Encuestados en numerosos países creen, mayoritariamente, que la pobreza mundial está aumentando, cuando se redujo de manera drástica. Vivimos rodeados de una sensación de catástrofe económica permanente que ningún indicador respalda, llenos de una ansiedad de fondo que tiñe la relación de la gente con su dinero aunque su situación material, medida contra cualquier punto del pasado, sea mejor. Esa desconexión entre la realidad y el relato demuestra que el malestar financiero contemporáneo no se explica

---

104 Max Roser, Joe Hasell, Bertha Rohenkohl y Pablo Arriagada, "Poverty", *Our World in Data* (Universidad de Oxford / Global Change Data Lab), https://ourworldindata.org/poverty.

solo por lo que la gente tiene o no tiene y está enraizado en nuestra relación con el dinero. En el fondo, es un problema de orquestación colectiva

Sin ser ingenuos, podríamos decir que una persona que aprende a no dejarse gobernar por el dinero no cambia el sistema, pero sí un nodo del sistema y una familia que transmite una cultura económica consciente forma a quienes mañana decidirán dentro de ella. La cultura, a diferencia del patrimonio, se propaga por contagio de padres a hijos y entre amigos que se animan por fin a hablar de plata sin vergüenza ni competencia. Cada persona que comienza a orquestar sus capitales le quita, en su escala mínima, un poco de poder a la maquinaria de la ansiedad y lo invierte para que mire a lo que importa. Las grandes transformaciones de las costumbres rara vez vinieron de arriba. Casi siempre fueron la suma silenciosa de innumerables decisiones privadas que un día alcanzaron masa crítica. Así se modificaron casi todas las costumbres que hoy damos por naturales. Nadie legisló que dejáramos de fumar en los restaurantes ni que habláramos de salud mental sin vergüenza y ocurrió, porque se volvió primero tolerable, después común y al final evidente. La relación con el dinero puede recorrer ese mismo camino.

Llegando hasta aquí ya hicimos el trabajo más difícil. Lo que sigue es la puesta en marcha, gradual y paciente, con tolerancia hacia nosotros mismos, porque vamos a fallar a veces, pero eso no invalida el método. Al contrario, lo confirma. No hace falta revolucionar todo de golpe ni ejecutar los siete capítulos a la vez como un plan maestro. Cuidado con las recetas magnas que llevan a parálisis. El Método INVERSO es una forma de caminar, un paso tras otro, sin esperar condiciones perfectas, recordando que la diferencia entre quienes transforman su mundo y quienes siguen atrapados en los mismos patrones cinco años después, con todo de cabeza, es la disposición a ponernos en movimiento.

www.ingramcontent.com/pod-product-compliance
Lightning Source LLC
LaVergne TN
LVHW100242051026
849517LV00006B/1963